Reflecting Children's Lives:

A Handbook for Planning Your Child-Centered Curriculum

Second Edition

幼儿教师
教学实践指导丛书

关注儿童的生活：

以儿童为中心的
反思性课程设计

（第2版）

[美]德布·柯蒂斯　玛吉·卡特　著

郑福明　张博　译

教育科学出版社
·北 京·

译者序

　　教育部在 2012 年颁布的《3～6 岁儿童学习与发展指南》（以下简称《指南》）中明确指出，实施《指南》必须"珍视游戏和生活的独特价值"，"创设丰富的教育环境，合理安排一日生活"，"尊重幼儿发展的个体差异"。这不仅为我国幼儿教育的发展指明了方向，也符合当前国际幼儿教育理论与实践倡导的基本理念。

　　本书的作者德布·柯蒂斯和玛吉·卡特不仅具有三十多年的幼儿教育工作经验，而且在幼儿教育著述方面成果颇丰。本书主要探讨了幼儿园的课程建设问题，其特点集中体现在以下三个方面。（1）系统性。本书不仅倡导尊重幼儿的天性，关注自然养成教育，还注重幼儿教师的专业发展，强调家长和社区在幼儿发展与课程编制等方面的作用；不仅探讨了如何平衡室内与户外教育活动的关系，也分析了兼顾关注幼儿自主性发展与符合政府教育质量评价标准的途径和方法。（2）实践性。本书通过许多鲜活的案例，提出并具体分析了许多在幼儿教育实践过程中常遇到的具体问题，如如何解决教育活动中的安全性与冒险性的矛盾，如何使幼儿知识与技能的学习、心智的培养相辅相成，如何处理预成课程与生成课程的关系等。本书呈现的案例生动直观地叙述了教师成长的心路历程，包括追逐的梦想与信念、经历的挫折与彷徨、收获的成功与喜悦。本书在课程材料的选择与运用等方面提出的具体方法，对我国幼儿教育工作具有直接的借鉴作用。（3）时代性。近年来，为了提高幼儿教育的质量，美国幼儿教育管理机构日益注重学业学习（academic learning）的意义，强调为幼儿做好入学准备（school readiness）。而美国的许多幼儿教育工作者则希望坚守幼儿本位的教育传统。本书充分体现了目前美国幼儿教育改革的趋势和存在的问题，这其中承载了美国幼儿教育发展过程中长期积累的宝贵经验。

中美两国幼儿教育的发展可谓殊途同归。我国幼儿教育管理机构期望加强幼儿的主体地位，更多关注幼儿生活经验和游戏活动的价值。然而，幼儿教育实践却依然存在着注重学业学习的小学化倾向。因此，如何平衡学业与幼儿发展的关系，如何处理教师与幼儿在幼儿教育实践中的地位和角色等问题，成为包括中美两国在内的各国幼儿教育工作者共同关注的话题。

以儿童为中心或儿童本位的教育理念，意味着不仅要教师、家长在教育过程中充分考虑幼儿的兴趣和需要，而且从国家层面看，中国作为联合国《儿童权利公约》的签约国，政府、大众传媒和社区也需要充分关注幼儿的福祉，遵循"儿童利益最大化"和"儿童权利优先"的原则，为幼儿快乐成长共同创设健康成长的环境。本书充分展示了将这些基本的教育理念和原则落实到幼儿教育实践中的具体做法和过程。希望本书的出版，有助于我国幼儿教育工作者更有效地吸取国外幼儿教育的先进理念和有效教育经验，不断提升我国的幼儿教育质量。

本书各章节的译者分别为：引言、第一章、第二章，郑福明；第三章，王阿丹；第四章，刘婷；第五章，包国华；第六章，叶惠玲；第七章，孙俊颖；第八章、第九章、后记，张博。全书由郑福明审校。译文尽可能考虑到了中美两国在教育体制方面的差异，希望读者在借鉴本书提出的具体方法时，也留意中美两国在社会、文化和教育方面的差异性。由于译者水平所限，书中译文尚有不完善之处，恳请读者不吝赐教！

本书受到广东省哲学社会科学"十二五"规划2014年度资助项目立项（GD14HJY01）支持。本书的出版得到教育科学出版社及责任编辑的大力支持，译者在此深表感谢！

郑福明

2015年2月

谨以本书献给伊丽莎白·琼斯（Elizabeth Jones）。无论是我们的专业思考与实践能力的提高，还是我们的专业发展过程，她都在其中发挥了重要作用。同样，将此书献给贝蒂（Betty）。她鼓励我们不断去观察、交流、反思、记录，但也带给我们很多的欢乐。贝蒂用自己的人格魅力和实际行为不断影响和激励我们。我们心怀感恩，会沿着她指引的道路继续前行。

谨以本书献给玛丽莲·赖特·埃德蒙（Marian Wright Edelman）。她是时代的先知，也是幼儿发展的坚定守护者。虽然素未谋面，但她却激励着我们去勇于前行，捍卫真理。每当身心疲倦或遭受挫折时，我们只要想到她，就会心平气和，重新充满活力。

谨以此书献给我们的儿子凯西（Casey）和彼得（Peter），并向他们表示感谢。他们让我们有了加深对幼儿生活理解和认识的机会。正是因为他们，我们变得激情满怀，致力于守护这一人生中最美好的时光。

目　录

VIII

第三章　指导儿童的游戏与学习 / 63

X

xi

致　谢

本书付梓，归功于许多人的共同努力。

感谢吉姆·格林曼先生（Jim Greenman），是他传递给我们"珍视童年时光"的理念。很多同事和我们分享了自己的动人故事，包括克里斯蒂娜·亚伯（Christina Aubel）、劳莉·S. 科尼利尔斯（Laurie S. Cornelius）、莎拉·A. 费尔斯蒂娜（Sarah A. Felstiner）、伊芙琳·利伯曼（Evelyn Lieberman）、凯利·马修斯（Kelly Matthews）、克里斯蒂·L. 诺伍德（Kristie L. Norwood）、安·佩洛（Ann Pelo）、露琪亚·莫妮卡·罗格斯（Rukia Monique Rogers）以及以斯拉·斯通克-格拉汉姆（Ezra Stoker-Graham）。汤姆·亨特（Tom Hunter）创作的优美歌词，让我们的理念焕发生机。无论在美国、加拿大还是新西兰，许多幼儿教育机构都向我们敞开大门，并将珍贵的照片慷慨赠给我们。本书特别感谢以下同行：为我们提供封面照片的拉蒂莎·弗劳尔斯（LaTisha Flowers）；新西兰布朗斯湾（Browns Bay）工作的同事玛吉·加登（Magic Garden）、托特斯·科纳（Tots Corner）以及索菲亚幼儿学校（Sophia's Preschool）；澳大利亚宜儿屋儿童中心（Earlwood Children's Center）和加拿大伦敦桥儿童服务中心（London Bridge Child Care Services）的同事。对以下机构的美国同事给予我们的慷慨帮助，我们同样深表谢意：柏林顿里特学校（Burlington Little School）、儿童优先组织（Child First）、儿童工作室（the Children's Studio）、希尔托普儿童中心（Hilltop Children's Center）、难民与移民家庭服务中心（Refugee and Immigrant Family Center）、克里克赛西南早期学习中心（Creekside Southwest Early Learning）、儿童全面照料解决方案（Sound Child Care Solutions）、铺路石项目（Stepping Stones）、光明开端联合之路项目（United Way Bright Beginnings）的基督教女青年会中心（YWCA Fied Center）、命运村项目（Destiny Village）、圣杰辛托儿童发展中心（San Jacinto Child Development Center）。我们也要特别感谢佩戈·卡拉罕（Peg Callaghan）、温迪·奇维丹尼斯（Wendy Cividanes）、南希·盖博（Nancy Gerber）、杰尼·亨特（Jeanne Hunt）、黛比·利博（Debbie Lebo）和卡莉·拉姆齐（Kelly Ramsey）。

能与雷德利夫出版社（Redleaf Press）的编辑共事，一直是我们的梦想。他们对我们的指导与帮助，不仅激发我们去思考，改进我们的写作，还提高我们的审美情趣。特别感谢大卫希·希斯（David Heath）、卡拉·瓦拉迪兹（Carla Valadez）以及插画师克拉里·斯切克（Clarie Schipke）。

在本书的写作过程中，我们与家人和朋友离多聚少，但他们一如既往地为我们提供各种帮助，准备美味餐点，陪伴我们一路走来，分享我们的快乐，也留下了很多美好的回忆。他们和我们一样，都希望成为幼儿的童年时光的守护者。

引 言

　　自 1996 年本书首次出版以后，幼儿的保教工作进入了崭新时代。大量研究表明，幼儿早期是个体学习的黄金时期。这种观点既让人兴奋不已，又让人忐忑不安，因为它回避了一些必须引起大家注意的重大问题。如果坚信幼儿期的心智开发不容错过，那么这种信念对教师的教学方式会产生怎样的影响？无论是保育员、教师、管理者还是教师培训人员，都在竭尽全力地满足各种标准与要求。而对于如何做好保教工作，大家却看法各异。教育改革突飞猛进，有时让人感到无所适从。我们希望，本书第 2 版的付梓，能让教师的课程设计工作做到胸有成竹。

　　撰写本书第 1 版时，我们得到吉姆·格林曼先生的鼓励。他呼吁人们，一定要为幼儿唯一的童年创造一片美好的天地。格林曼先生在一次演讲中指出，从出生到入小学，绝大多数幼儿并不是与家人或邻里在一起生活，而是花费大约 1.2 万个小时生活在各种幼儿教育机构中，而这些幼儿教育机构的核心却是各种日常计划、健康、风险管理和入学准备。正是对这一现实问题的关注，才催生了本书对"做幼儿期守护者"的倡导。我们希望教师、家长和社会联合起来，呵护人生这段最宝贵的时光，尊重幼儿对快乐学习的无穷渴求。十余年转瞬即逝，我们矢志不渝，只是新的时代发展和更深的思考让我们将口号变成行动。

　　脑科学、学业不良现象和经济全球化等方面的研究，促使家长、政府和教育政策制定者越来越早地要求幼儿进行学业学习并获得学业成功。但令人遗憾的是，许多人却误以为需要给幼儿提供更多计划好的课程内容，提供更加量化的学习评价标准，开设更严格的课程。尽管许多研究表明，幼儿的学习经验必须融合在常规活动和游戏中，但是在幼儿园，游戏的时间还是在渐渐减少。即便在大班，课程内容也日渐屈从于知识学习的压力，使幼儿的活动蜕变为以学习结果为导向，自由活动时间变得少之又少，更别说户外活动了。

在问责制背景下，学习标准和评价工具也许大有用处。但是，我们认为，这些学习标准和评价工具的研发者，并不完全熟悉幼儿一日生活的各种安排。对于秉持儿童中心理念的教师来说，他们会遇到以下挑战。

- 将教学要求和标准与幼儿发展和学习的计划相关联。
- 关注幼儿的已有能力，而非幼儿发展的不足。
- 将幼儿视为家庭、文化和社区的成员，充分发挥他们的强项和"知识宝库"作用。
- 在入学准备评价上，关注幼儿的理解能力，而非量化分数。
- 将幼儿学习融合在幼儿的游戏和探索活动中。

3 教与学

美国著名歌唱家汤姆·亨特曾唱道："世界变化太快，我们不明白。考试不是孩子的未来，它只不过是用孩子的一生做赌注。"（2008）如果将教育看作在为幼儿的未来做准备，那么我们将可能看不见幼儿，看不到他们说出的真理、给我们的教训和经验以及人性的启发。如果教师肩负起为幼儿的将来做准备的使命，那么教师心目中的未来会是怎样一幅图景呢？如果将教学视为是为幼儿进入职场做准备，那么教师觉得将来的职场又是怎样的呢？或许在教师的图景中，教师会认为由于现代技术的不断革新，当幼儿以后长大成人步入职场时，很多工作在今天看来或许是闻所未闻。

也许人们能在一定程度上预测星球的灭亡，但未来要求幼儿解决什么样的问题却不可知。技术手段能传递无限的信息，包括世间万物的变化及各种奇思妙想的产生，每个人也会因信息的连接而成为世界公民。如果我们的心目中有这么一幅未来的图景,那么现在的幼儿从我们这里真正需要得到的应该是什么?我们怎样才能用心做好自己的工作?

作为一名幼儿教育工作者,我们即便十分关注身边幼儿以及他们的生活,依然需要"瞻前顾后"。各种科学研究中既有令人沮丧的信息,又有激动人心的结果。有关成长于贫穷家庭的幼儿和成长于中产阶层家庭的幼儿之间差距的数据,凸显了美国有史以来的种族主义和经济不平等。这一问题纷繁复杂,非教师个人力量所能解决。然而作为教育者,我们有义务竭尽所能缩小不同社会阶层的幼儿在学业成绩上的差异。

有关幼儿学习的研究特别令人振奋。神经科学研究的技术手段提供了可见证据,证明幼儿的大脑像科学家一样在运转。在神经元连接速度方面,幼儿甚至超过了成人。教师如何据此深入认识不同阶层幼儿之间的学业差距,更有效地激发每一名幼儿全心投入、追求上进。这一问题一直回绕在我们的脑海中,影响着我们在 2010 年对本书的修订。我们既是教师培训者,又是学习的学生。我们不断反思,汲取他人营养,引导自己思考。现在,我们终于认识到,在幼儿的学习中,我们可以扮演更积极的角色——幼儿学习的促进者、引导者和教练。维果斯基的社会建构理论为我们提供了新的视角,使我们从只关注某名幼儿的"儿童中心观"(child-centered)调整为关注幼儿群体的"儿童中心观"。教师的交往对象是幼儿群体。这些幼儿的家庭背景纷繁多样,学习方式各不相同。幼儿在群体中能接触和学习到不同的知识,这是个体活动无可比拟的。同样,对于发展适宜性的理论,我们也有必要重新审视。除了适宜幼儿的年龄外,我们还需要考虑幼儿的生活环境及教育活动的文化适宜性。教师一方面必须不断将理论转换为实践,另一方面也必须结合实践重塑有关教与学的理论。

撰写本书第 1 版时,时任全美幼教协会(NAEYC)主席的丽莲·凯兹(Lilian Katz)的著述引领我们开始关注学习倾向的问题。时至今日,有关幼儿学习的研究结果再次强调了类似概念,即必须十分关注幼儿的学习方式(approaches to learning)。最近,她又指出,学业技能(academic skills)和智力探究(intellectual pursuits)具有本质区别。智力探究不同于记忆和背诵,更有别于对教师出示的"闪卡"(flash cards)或言语进行回应。智力探究是教师结合幼儿的好奇心，有针对性地提出问题，引发幼儿进行探究和思考，而不仅是为了检测幼儿能否给出正确答案。当幼儿和教师全身心投入其中时，他们才会有深入理解的想法。每个人的心智都充满活力和好奇，都希望解开谜团、预测和检验理论、探求结论，都希望获得有价值的学习内容。相反，如果只关注学业技能，那么我们通常只会将关注点放在幼儿练习上，侧重于传授一些对幼儿没有什么实际意义的支离破碎的知识。当然，这并不是说幼儿不能或者不应该掌握学业内容。恰恰相反，大量的研究结果表明，幼儿十分渴求获得语言、数学、科学等领域的知识。本书第2版为教师满足幼儿的这种内心渴求提出了多种建议。

为了确保课程计划能体现和反映幼儿的需要，教师既要关注幼儿自身发展，也要关注和幼儿期有关的各种经济利益和观念。教师自己也需要在专业上不断成长。同时，教师还必须勇于当幼儿的代言人，为幼儿和自身的利益奔走呼号。教师要把本职工作做好，不断自我反思，这也意味着变化和冒险，更需要建立教师合作和支持系统。如同幼儿一样，教师和保育员同样也经历着发展的过程，同样需要认识到自己的工作与生活环境。在本书每一章的后面，我们会与各位读者分享案例，有些案例是此次修订新增的，有些案例则是延续上一版的。但对于时隔十年的这些案例，我们请原作者进行了新的反思。我们期盼读者能将这些案例与同事或同学分享，更好地认识自己并获得鼓舞。

内容体系

本书旨在促进幼儿教育工作者的专业发展，主要探讨幼儿园课程组织与设计，也包含适用于0~3岁婴幼儿的课程内容组织（详见本书新增章节）。本书提供了若干课程设计的资源，适合教师、管理和组织者、大学教师在为幼儿开展探究活动、组织不同领域的有意义学习时参考。

本书可帮助教师在设计课程方案时梳理课程设计的思路。每章的"自我反思""思考与分析""实践运用"都有相应的网络资源可使用。本书还提供了案例分享中主人公的电子邮箱，便于读者与其直接联系。本书同时还提供了图表、表格和评价工具的电子版，可以从网络资源中获得。网络资源的网址为 www. redleafpress. org，检索输入"Reflecting Children's Lives"，点击本书链接，即可得到上述资源。

第一章首先引导教师进行自我测评。在学习任何新的内容前，我们都需要了解自己的已有知识。教师在阅读后续章节前，可使用本章提供的各种图表和问题，检验自己的已有知识和经验，做好记录。这些对于教师阅读本书会起到参考作用。

环境创设是课程设计和指导幼儿的基础。第二章提供的评价幼儿学习环境的表格，有助于教师快速对现有学习环境中的关键要素进行评价，如是否培养了幼儿的想象力、是否反映了幼儿的真实生活、是否促进了幼儿的身体运动能力的发展。本章还对空间环境创设、作息时间制订、日常班级常规建立等提出建议，此外还列出很多开放式的材料清单，这有助于创设组装式的课程。本章最后列出了利用环境改善教学的七大原则，在结尾与教师分享了一所幼儿园运用这些理念创设户外活动场地的案例。

第三章是此次修订新增加的章节。本章侧重于阐述教师对幼儿游戏和学习指导方法的介绍，指出幼儿行为管理的不足，提出培养幼儿自律行为的具体方法。同时，本章也阐述了适宜发挥教师作用，通过幼儿行为揭示活动意图的方法。本章的案例来自于一位教师培训者的真实经历，她帮助教师认识了让幼儿独立思考、解决问题、控制自我的重要性。

第四章是从发展适宜性的实践视角探讨什么对幼儿有意义。教师必须具备敏锐的观察力和良好的观察记录能力。为此，本章及相关网站都提供了若干练习活动，通过案例描述了一位在开端教育机构（Head Start）的实习学生了解幼儿的过程。最终，她与同事一起研究了对幼儿行为的观察记录并制订了教育方案，帮助幼儿在操场上搭建了自己心目中的城堡。

第五章主要引导教师反思自己使用过的各种主题设计方法。本章在重新认识皮亚杰游戏发展阶段论的基础上，提出材料使用的建议，借此增强教师设计主题活动的能力。这些主题涉及有意义的工作、身体发展、创造性表现、变化活动和技能学习等。本章还展现了幼儿的作品及教师反馈，这有待于教师进一步分析和思考。结尾的案例讲述的是两位幼儿园主班教师引导幼儿参与广泛活动，并在活动中力倡公平、破除陈规的观念，平等对待每一名幼儿的全过程。

基于当前美国对学科内容学习的重视，在此次修订中，我们增设了第六章。本章重点探讨如何结合教师与幼儿的一日生活和学习，采用有意义的方式进行学科知识内容的教学。本章围绕拓展幼儿在语言、读写、数学、科学和技术方面的能力，提供了若干案例，反映了不断帮助幼儿学习"怎样学习"的重要性。结尾的案例生动描述了一位教师在教导幼儿书写过程中，通过认真分析对幼儿行为的观察记录，增进对幼儿的了解，最终调整教育方案的全过程。

0~3岁儿童的课程计划必须围绕着师幼关系，这也是第七章的主要内容。师幼关系的建立涉及多方面，包括了解该年龄段儿童的发展任务、读懂0~3岁儿童、像"即兴的艺术家"一样回应0~3岁儿童等。第七章在修订中增加了一些内容，如如何将对0~3岁儿童的日常照料作为课程资源。本章还列出许多有趣、廉价的材料清单，这些材料能激发0~3岁儿童的心智发展。结尾分享了幼儿园教师如何将自己和0~3岁儿童的互动与指导定义为"冲浪游戏"的思考过程。

第八章旨在帮助教师围绕以儿童为中心的课程设计，与同事进行更好的沟通与交流。根据课程计划，教师可利用本章提供的周日程表，用不同的方式填写相应内容，也可参考别人的范例填写。前面其他章节提到的幼儿学习表现汇集成一个表格，可用于评价幼儿的发展状况。本章列举的活动，教师可根据实际情况选用。这些活动有助于教师更好地与同事或同学分享自己的价值观。结尾的案例分享了教师与幼儿一起活动时的各种感悟。

出于对幼儿教师专业发展的深入思考，第九章将帮助教师从不同角度审视自己在与幼儿一起活动时扮演的角色、需要陶冶的情怀并最终提升自我的审美感。本章提出的问题有助于读者对幼儿教师角色和自我行为进行反思，也可帮助读者进一步享受学习的乐趣。结尾的案例讲述了一位教师满怀热情地设计以儿童中心的课程的曲折过程。刚开始在具体工作中，她遇到诸多不尽如人意之事。即便如此，她依旧在教师岗位上矢志不渝地坚持着。在具体的职业发展过程中，她与同事分享自己的感受并参加旨在培养探究与发现能力的各种培训班，还受到从事开端教育管理工作的朋友对其的指点，最终她成为一名有创新意识和冒险精神的教师。

鉴于目前网络资源丰富且随手可得，因此本书不再罗列参考资料。读者可以通过访问 www. redleafpress. org，了解本书的最新参考文献。作者也会不断更新网页材料，充实新内容。如需与作者联系或了解我们最近的工作进展，可访问 www. ecetrainers. com。

使用方法

9

希望本书内容能整合到教师的日常工作中。各章节留有一定的空白，教师在阅读本书过程中，可在这些空白处做笔记、提问或记录相关经验、想法，抑或列出需要寻求帮助的问题。教师可根据自己的实际情况安排阅读进度，可以自己阅读，也可以和同事一起学习，挤出时间完成书中建议的活动。在此过程中，教师可使用我们提供的网络资源。重要的是在使用过程中，教师可以记录已经知道的内容，也可以把不理解的内容记录下来。教师可将本书作为工作手册，随时翻阅以往的记录，温故而知新，从中得到一些启迪或迸发出新的思想火花。建议教师将对本书的学习过程当作自我思考和实践的过程。

在阅读中，教师可能会发现书中的某些观点与我们或同事阅读的其他著述的观点相似。这些富有启迪的观点在本书中再次出现，有助于激发教师思考在课程设计中需要采用哪些策略，也有助于教师为自己设定专业发展的目标。当需要对实践进行反思或准备研讨或培训时，本书也许会为你提供一些帮助。教师可将本书用于新教师、志愿者、代课教师或家长的培训工作。我们希望，本书不仅能帮助教师更有效地设计课程，而且能增进维护幼儿权益、促进幼儿发展的能力。我们要把握每一个可能的机会，力倡珍惜幼儿的童年经历，培育幼儿的活跃心智，因为他们是社会群体中最年幼的成员，他们需要我们的细心呵护。

第一章

开启反思性课程设计之旅

自我反思

你是否和以下三位教师有着类似的经历？

维娜（Verna）是一名充满活力、积极进取的教师。她特别喜欢孩子，在工作中不断学习最新的教育教学知识，以实现教育教学目标。同时，她根据各种参考书设计新的课程活动。这些都保证了教学活动的顺利开展。可是慢慢地，她开始质疑自己让孩子达到指导大纲要求的各种做法，思考这样做是否合理。现在看来，她原先设计的很多活动对孩子来说似乎不是很有意义。他们总是匆匆地完成一项活动，急切地去做下一项活动。为此，维娜内心深处有一个微弱的声音在告诉自己，需要对自己的教育行为进行深入反思。

伊萨贝尔（Isabel）开办家庭托儿中心已经两年。她在家里为孩子营造了一个宽松、舒适的活动环境，也准备了很多玩具让孩子玩。她觉得应该让孩子尽兴地玩自己想玩的东西。但是过去的几个月中，她接受了专门的课程培训，这些培训却要求她在中心多为孩子设计一些专门的学习活动。她计划买一些新玩具、练习册和有关手工制作的书籍，尝试让孩子获得更多的学习经验。但是，她也不确定这样做是否有效。

迈克尔（Michael）是一所公立幼儿园的教师。他的大多数时间都在填写各种表格——报表、报告、课程表和评价表。他尽力使班级的各项工作符合工作标准。而他和孩子在一起的时间就安排得很紧，但也形成了一些有效的课堂管理方法，其中不乏一些符合孩子兴趣的做法。但是，他最近感觉到，由于要做的报表太多，曾经与孩子在一起的快乐已经大打折扣。经过反思，他意识到自己其实并没有和孩子建立起真正的关系，更没有真正认识到占用时间填写这些烦琐的表格与和孩子相处之间究竟有什么关系。他只不过是在按部就班地完成工作。

课程实施的关键问题

对于幼儿教育工作者来说，读此书，犹如踏上一段寻找课程的旅程。我们遵照幼儿园课程发展的规律和特点，探索适合于幼儿的生动、有趣和有意义的课程体系。此书或许让你从新的角度审视自己目前正在实施的课程，或许你也正面对新的挑战并在思考能得到哪些支持。让我们一起读这本书，一起探索，一起发现。

首先，看一下这里所列的问题，它们是否符合你的实际情况？

你是否问过自己，为何实施目前的课程设计与方案？

◁ 是不是因为习惯成自然，你的班级每天都执行同样的课程计划，实施同样的课程？

◁ 你是否无奈地按部就班、循规蹈矩地执行别人制订好的计划，不知道或从未质疑为何要这么做？

◁ 你是否留意到幼儿的厌倦和躁动情绪，而自己也和他们一样？

◁ 你执行的幼儿园课程计划是否真正满足了自己和幼儿的切实需要？

你是否觉得工作压力很大，节奏太快？是否觉得每天都在不停地准备活动、整理收拾、填写家园联系手册、制订课程计划、写报告和简报、看电子邮件和各种通知、学习各种新规定和文章？

◁ 你是否每天都没有时间缓一缓，然后高质量地陪伴幼儿？

◁ 每天下班时是否感到筋疲力尽？而这种疲惫，与其说是因为你白天所做的一切，还不如说是因为你不曾做的一切？

(13)

你是否觉得幼儿园的课程实施已经被商业化气息渗透，更受到媒体渲染的儿童观的影响？

✍ 幼儿的玩具、餐盒和服饰上是否有当下影视作品中新潮的超人形象？

✍ 你是否发现幼儿在游戏中会模仿一些暴力言行和模式化的人物，然而这些情节重复，也没有什么创意？

✍ 在与幼儿互动时，你是否会用很多时间来防止幼儿之间发生冲突或安抚幼儿？

✍ 你是否注意到，许多玩具的功能设计和包装都已经固定化、程序化，能让幼儿探索、发现或发挥自己的想法和想象的空间很小？

✍ 如果为幼儿提供开放、有一定挑战性的活动或玩具，是否担心如果没有教师帮助，幼儿会不知所措，有些幼儿甚至都不愿意尝试？

你是否觉得有必要反思幼儿园的一些习惯性做法，如集体活动时间、常规活动时间、过渡与结束时间以及美工活动、节日活动或英语歌曲的学习价值？

✍ 节日大型活动是否让你和幼儿都感到疲惫，是否嗅到这些活动中散发出的商业味道？

✍ 你是否认为每一个家庭都会过各种传统的节日，而对不过节日的幼儿没有给予应有的关注？

✍ 你是否发现，让幼儿为入学做准备，时常被理解为教幼儿各种标准，而不是启发幼儿的心智？

✍ 在对幼儿游戏活动进行反思时，你是否觉得自己真正理解如何为幼儿的探索提供支持？

课程实施的现状

有关脑科学发展和幼儿学习理论的研究成果表明，在充满爱的环境中，幼儿能得到最佳的成长和学习机会。如果幼儿园课程有意义，符合幼儿的兴趣和发展需要，适合幼儿的文化环境，那么幼儿在此环境中就能茁壮成长。同时，如果教师随时关注幼儿，为幼儿的学习提供支架，那么幼儿就能获得新的发展。另外，如果幼儿的家庭生活和文化能融合到幼儿园的生活中，那么幼儿就能建立积极的自尊，增强自己的社会交往能力，提高自信心。

幼儿学习的关键在于积极地参与游戏活动，教师需要为幼儿创设其能全身心投入的环境，使幼儿不受干扰，充满好奇地进行探索，提高他们的身体运动能力和认知能力。教师的作用在于为幼儿的学习提供支持和帮助，拓展他们的经验，增进他们的理解。

然而，在目前的幼儿教育中，我们看到的却是越来越多的"填鸭式"课程（"push-down" curriculum），这些课程将重点放在学业准备上。幼儿园太像一年级，其目标也是数十年前的幼儿园目标。这反映了一种观念，即幼儿应尽早开始接受正规学习，获得成功。这种课程实践隐含的理念是幼儿通过游戏并不能学到什么，游戏浪费了本应为上小学准备的宝贵时间。对于以具体形象思维为主的幼儿来说，这种想法导致幼儿园课程过于抽象，包含很多无意义的识记和"鹦鹉学舌"式的学习。的确，有些幼儿在游戏活动中需要成人的指导才能从中受益，但在电视机或电脑前花的时间比在户外活动上的时间要多，甚至很多幼儿都不知道怎样与同伴一起创编故事、表演和游戏。令人可悲的是，不少父母由于工作压力大，生活繁忙，再加上媒体炒作，因而对幼儿的安全及未来学业的成功忧心忡忡，导致不得不重新安排幼儿的生活，取消了原先"开放式"的游戏活动。现在的幼儿一般都需要成人指导，这样他们才知道如何参与同伴游戏、培养自己的兴趣甚至结交新朋友。教师能够为幼儿提供支持，使幼儿成为自主的游戏者、探索者和发明家。幼儿通过积极参与丰富的游戏活动得到发展，为此教师要提供一个能让幼儿全身心投入的环境。对于需要幼儿掌握的技能，教师要为幼儿提供辅导和帮助，这样才能将游戏重构为幼儿学习的基础。

上述观点主张幼儿通过游戏进行学习，而传统侧重"读写算"的"3R"教育理念则无法关注到幼儿想象力的培养，更无法让幼儿用心投入。传统的"3R"教育，容易导致幼儿出现行为问题，教师也因此会被折腾得疲惫不堪。其实，对于幼儿和教师而言，还有很多更有意义、更能满足幼儿发展的基本技能需要学习。以下所列是其中一些较为重要的技能。

改变课程实施现状的技能

切记（Remember）要放慢脚步，花些时间好好关注和品味幼儿成长中的快乐与喜悦。

重新唤起（Reawaken）自己和幼儿的兴趣和好奇心、发现的热情、学习的渴望。

重新评价（Reevaluate）自己设定的目标，将课程实施的重心调整在培养幼儿与人、自然和学习过程的关系上。

确认（Recognize）幼儿既需要丰富的认知活动，也需要积极的社会学习和情感学习。幼儿园课程建构应基于幼儿的兴趣，基于幼儿在学习过程中遇到的问题和需要掌握的技能。

重温（Revisit）幼儿园课程的理念，给幼儿的不再是一些练习册，而是更多的操作机会，使幼儿通过操作更好地理解数学、科学、阅读、书写和实验的有关知识和技能。

满足（Respond）幼儿对活动时间的需要。为幼儿提供充分的机会和必要的辅导，使他们能按自己的学习速度和进程进行不断尝试并练习某种技能。如果让幼儿有足够的时间投入到活动中，这将有助于幼儿加深理解，建立自信。给幼儿足够的时间去探索和表达自我，有助于陶冶其热爱学习的品格。

聚焦（Refocus）一些有意义的事件和取得的成就，并将相应的庆祝活动作为幼儿一日生活的组成部分。教师为这些活动创设各种仪式，为幼儿提供表现的机会，借此帮助幼儿关注生活的奇妙、发现的喜悦以及共同建构社区生活。

强化（Reinforce）幼儿的合作，而非竞争。教师为幼儿提供活动、经验和材料，鼓励幼儿一起工作，而非"各玩各的"。

重新构建（Reconnect）与社区的联系。将幼儿园课程的大多数活动与社区中的人、事和问题联系起来。

展示（Represent）能体现自己组织和设计课程的活动和思考过程。花时间认真观察、记录幼儿的日常活动，并通过图片、故事及活动将幼儿园的课程体系展现出来。

反思（Renew）自我。定期进行自我反思。与朋友、同事一起研讨更能集思广益。只有照顾好自己，才能照顾好幼儿。

重新燃起（Revive）为幼儿和自己代言的激情。幼儿需要得到有爱心的成人的支持和帮助，成人要去呼吁幼儿期的重要性、关注幼儿游戏的价值、分享幼儿发现的喜悦，让每一个人都感受到内心的活力。只有不断地呼吁，幼儿教育工作者才能得到社会的认同、尊重，并通过辛勤付出得到回报。

在你的工作中增加这些新的内容，并不是要给你原本已经忙碌的生活增添更多的压力，而是希望教师放慢脚步，更好地利用自己身边、幼儿、家庭和社区的已有资源，更细心地观察、批判性思考，激发起我们对幼儿的新热情。

以儿童为中心的课程，其关键在于激发幼儿对学习的好奇和渴望。阅读下面表格中的内容，思考这些对幼儿意味着什么？哪种方法能激发幼儿的兴趣？哪种方法有助于激励幼儿参与活动，让他们愿意向你敞开心扉？

表1-1　两种课程比较

传统课程	以儿童为中心的课程
教师认为，幼儿教育的主要目的是为给幼儿在学业方面建立一个良好的开端，使幼儿适应未来学习的要求和期望。	教师将游戏作为课程的中心，为幼儿的游戏提供充足的时间、丰富的材料和细心的指导。
教师的计划只关注集体教学活动和艺术活动，忽视对环境进行必要的调整，并以此不断激发幼儿的好奇心，发掘幼儿的潜能。	创设环境是教学的基础，要立足于幼儿的兴趣和生活经验。材料完好、有趣，安排符合美学原则。
课程关注的是知识内容学习、练习册、手工作品、集体活动时教师呈现的内容。活动成果通常是幼儿可以拿回家展示给家长看的东西，借此展示在幼儿园的学习成效，但这些成果看起来大同小异。	教师认为幼儿是积极的学习者，在学习过程中需借助感官参与。教师要为幼儿提供丰富多样的机会，让幼儿自主探索、相互交往并解决问题。教师更关注幼儿的学习过程，而非教学结果或课程效果。
教师忽视幼儿自发、非破坏性的游戏活动。相反，在自由活动时间，教师更像个"管家"一样维持秩序，记录幼儿完成了哪些任务。教师给幼儿自由游戏的时间很少，认为游戏与课程是割裂的。	教师在幼儿个体和群体游戏过程中扮演着观察者的角色，记录幼儿在身体、认知、社会和情感发展等方面的表现。教师随时记录幼儿提出的问题、表现出的技能和遇到的困惑。
教师主导的课程主题中，幼儿的兴趣无足轻重。墙饰陈列了众多幼儿别无二致的作品，体现不出幼儿的想象力。	教师将幼儿的主题作为课程设计的基础。课程设计包括材料的引入、互动，以期激发幼儿的思考，增进幼儿的理解。
教师像警察一样在教室里巡查，督促幼儿完成布置的任务，规范材料的使用。对于社会交往技能较弱的幼儿，教师还不时地进行各种管教。	教师为幼儿提供各种学习材料，对幼儿的探究情况进行观察并参与其中，通过提问、引导和设计丰富的活动内容，使学习环境更充实。

续表

传统课程	以儿童为中心的课程
教师根据幼儿园传统的活动主题、公众节日和一些预设的季节性活动方案设计课程。	教师将自己的热情、兴趣和问题与幼儿一起分享，成为激发幼儿兴趣、设计课程的新源头。
课程组织计划来自文件要求或各种教学参考书，每年重复着一样的要涉及的主题。	课程计划记录幼儿探索学习材料的情况、幼儿的问题和发现，而非记录教师指导的活动。
教师制订课程计划的关注点是个别幼儿的学习弱势，重视通过反复练习让幼儿掌握入学准备所需要的技能。	对于一般幼儿，个别教育的重点在于发挥幼儿的强项，消除幼儿的挫折感。教师从幼儿的角度出发，制订入学准备方案。

　　根据上述内容，反思自己的课程及课程计划方法，如在活动设计、环境创设、角色游戏组织的过程中，哪些内容采用了传统方法？在实施以儿童为中心的课程方面，你做了什么尝试？准备尝试做些什么？

⑳

不同课程计划分析

　　除了知道幼儿园课程不限于传统的读写算（3R），我们还应该从幼儿的角度设计课程。我们来看一下一所幼儿园两位教师在十月份分别设计的两份课程计划。一份是玛丽莎（Melissa）设计的，一份是萨隆（Sharon）设计的。这两份课程计划体现了幼儿园课程设计的两种不同理念。阅读这两份课程计划，分析两位教师各自采用的课程设计方法。以下问题将有助于引导我们把握分析要点。

　　◁ 这些课程计划隐含的教育目标是什么？

　　◁ 教师如何理解幼儿的学习？

- 每一份课程计划中有哪些需要幼儿感知的方面？

- 每一份课程计划倡导的价值观包括的宗教、商业和多样化分别是什么？

- 课程计划如何将幼儿的日常生活和经验融合在内？

- 教师如何理解自己在幼儿学习中的角色？

玛丽莎设计的传统课程计划

主题

- 恐怖的物品（女巫、蝙蝠、黑猫、蜘蛛）。

- 捣蛋（trick-or-treat）。

- 化装晚会。

环境创设

(21)

- 购买一些节日物品：鬼节的南瓜灯、女巫、骷髅。

- 可挂在墙上的蜘蛛网。

- 幼儿制作的万圣节美工作品。

艺术活动

- 纸盘南瓜：把纸盘涂成橙色，然后贴到黑色的脸谱上。

- 纸蜘蛛：将预先做好的蜘蛛脚粘贴在蜘蛛身上，然后挂起来。

- 吓人的夜晚：用蜡笔画幽灵图，上面涂满黑色。

- 鬼印：用白色的蛋清在黑色的卡纸上作画。

- 立起的南瓜：将各种颜色的南瓜图画粘贴在纸板上。

- 捣蛋袋：教师预先剪好万圣节的剪纸，然后粘贴在纸袋上。

- 可折叠的南瓜人：用南瓜做脑袋，身体上贴长纸条。

- 鸡蛋盒女巫：用拼贴画材料和预先制作好的面部剪纸，粘贴在鸡蛋包装盒上，装饰成女巫的样子。

运动与游戏活动

◁ 女巫和小猫：一位幼儿扮演女巫，其他幼儿围坐成一圈，扮演小猫。女巫的眼睛用布蒙起来，围着圈子走。圈子中的一位幼儿发出"喵喵"的声音，女巫猜一猜是哪名幼儿的声音。

◁ 蜘蛛与苍蝇：有些幼儿扮演苍蝇，有些幼儿扮演蜘蛛，玩"蜘蛛抓苍蝇"的追逐游戏。

◁ 鬼、鬼、女巫："鸭、鸭、鹅"游戏的另一种变式。[①]

◁ 扔豆袋进南瓜灯：将装有豆子的袋子扔进塑料的南瓜灯里。

童谣与儿歌

（22）

◁ 《万圣节的时光》（*Halloween Time*）。

◁ 《五个小鬼》（*Five Little Ghosts*）。

◁ 《五个南瓜灯》（*Five Little Jack-o'-Lanterns*）。

◁ 《小妖精怎么走?》（*How Does a Goblin Go?*）。

◁ 《咯咯，咯咯，丑陋的女巫》（*Cackle，Cackle，Ugly Witch*）。

绘本

◁ 《幽灵出没》（*Ghost's Hour，Spook's Hour*），作者伊夫·邦廷（Eve Bunting）。

◁ 《女巫的万圣节绘本》（*The Little Witch's Halloween Book*），作者琳达·格洛瓦查（Linda Glovach）。

◁ 《万圣节前夜》（*The Night before Halloween*），作者娜塔莎·温（Natasha Wing）。

◁ 《好可怕的万圣节》（*Scary，Scary Halloween*），作者伊夫·邦廷。

◁ 《龅牙女巫》（*The Tooth Witch*），作者努里提·卡林（Nurit Karlin）。

其他活动

◁ 雕刻南瓜灯：幼儿和教师一起商量把南瓜灯的脸雕成什么样，然后观察雕

---

① 类似中国的"丢手绢"游戏。——译者注

刻过程。

◁ 万圣节晚会：幼儿参加晚会前，提前在家里穿上各种装扮服饰，如印第安人、蝙蝠侠、巴斯光年、铁人、芭比娃娃、公主、新娘、海盗、流浪者、蜘蛛人、怪兽等；在教室里玩"捣蛋"游戏；准备好南瓜灯笼式纸杯蛋糕、女巫式佳酿（witch's brew）、万圣节糖果等零食、饮料。

◁ 烹饪活动：鬼蜘蛛明胶、怪兽吐司、女巫式佳酿、南瓜灯水果杯。

课程分析

对大多数教师而言，玛丽莎的课程似曾相识，这种课程采用的是传统设计方法，活动设计的商业化气息浓厚，体现出美国白人对节日活动的重视。

当采用传统的课程设计方法时，幼儿只是活动的参与者，而非游戏活动的创造者。玛丽莎为幼儿提供了预先设计、制作好的材料和方案。她忽视了给幼儿创造机会去探索和理解活动背后的原因。幼儿可能会觉得活动好玩，但是除了商业化的节日气氛外，这些活动与幼儿的真实生活并没有多少关联，让幼儿动手操作、探索和积极参与的机会就更少了。

或许，有些教师会说，幼儿很喜欢万圣节。但如果细心观察和分析，我们就会发现，幼儿其实并不喜欢带有商业化的标志或老一套的服饰，也不喜欢被惊吓。他们喜欢的其实是假装游戏和化装时带来的神奇和戏剧性变化。他们喜欢的是通过角色扮演感受到的力量，通过装扮自己乃至周围的环境感受到的惊喜。

接下来，我们对另一位教师的课程计划进行探讨。

萨隆设计的以儿童为中心的课程计划

主题

◁ 秋收、成长期的结束（死亡）。

◁ 惊喜、材料的改变。

◁ 面具、装扮、角色游戏。

环境创设

◁ 自然材料：枯藤与枯叶、松果、葫芦、南瓜、坚果、骨头。

◁ 腐烂或发霉的南瓜；放大镜；把烂南瓜放在小碟子里，让幼儿观察腐烂的过程。

◁ 幼儿去南瓜地和苹果园旅行的照片。

◁ 幼儿讲述自己秋游的感受及在教室里发生的事情。

◁ 设立展示台，纪念已逝的人或宠物；从家里带来照片，讲述过去的故事。

感官和烹饪活动　㉔

◁ 切南瓜：幼儿互相帮助，自己切南瓜；摸摸南瓜子，感受南瓜的结构，闻闻南瓜的气味，尝尝南瓜的味道。

◁ 炒南瓜子，尝尝南瓜子的味道。

◁ 烘烤南瓜派，做南瓜蛋羹。

◁ 洗苹果，去苹果核，削苹果皮。

◁ 学做苹果酱。

◁ 品尝不同品种的苹果，比较各自的特点。

◁ 采摘苹果、花草，然后晒干。

◁ 制作薄荷茶、甘菊茶和姜茶，然后饮用。

◁ 研磨肉桂、豆蔻和丁香这些香料，品尝香料的味道。　㉕

◁ 制作南瓜汤、西葫芦汤和蔬菜汤。

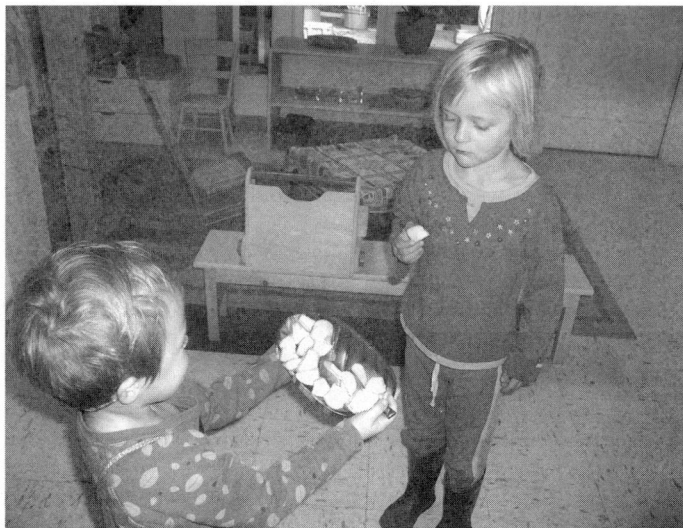

ᐸ 将不同的食物调制在一起，如食物和水、水和油、玉米淀粉和水、发酵粉和醋。

ᐸ 感官训练台：松果、树叶、树枝、干花、薄荷、坚果。

ᐸ 夹干果，吃干果。

ᐸ 将黑色橡皮泥用手揉捏成团，加上各种不同的香味，如丁香、肉桂、香草、杏仁、薄荷，有的加上荧光效果，然后闻味道。

分类与归类活动

ᐸ 苹果。

ᐸ 西葫芦。

ᐸ 种子和坚果。

ᐸ 树叶。

ᐸ 松果。

ᐸ 花草。

戏剧表演与化装

ᐸ 道具箱：各种布、围巾、帽子、首饰、鞋子、斗篷、棍子、袋子、幼儿自制表演服装、自创表演角色。

ᐸ 化妆室：无毒面部化妆品、镜子、相机、有关节日庆祝的图书。

ᐸ 衣帽间：手套、厚帽子、羊皮外衣、长筒靴。

手工活动

ᐸ 拼贴画材料。

ᐸ 做面具的纸型材料。

ᐸ 荧光材料、羽毛、编织物、纸片。

ᐸ 各种色彩的绘图颜料。

ᐸ 画画和裁剪所需的各种工具。

ᐸ 连接物体的各种材料，包括胶水、订书机、胶带、打孔机、曲头钉、纱线、圆环。

音乐与运动

- 各种音乐和声音，如古典音乐、蓝调音乐、自然声响。
- 有关秋天和丰收的歌曲。
- 模拟动物、天气、叶子和树木的动作。
- 与围巾和羽毛有关的舞蹈。

绘本

- 《谷仓之舞》（*The Barn Dance*），作者比尔·马丁·乔（Bill Martin Jr.），约翰·阿尔尚博（John Archambault）。
- 《弗里德里克》（*Frederick*），作者利奥·莱昂尼（Leo Lionni）。
- 《长大的南瓜》（*From Seed to Pumpkin*），作者温迪·普费弗（Wendy Pfeffer）。
- 《果壳里的世界》（*In a Nutshell*），作者约瑟夫·安东尼（Joseph Anthony）。
- 《一生一世》（*Lifetimes*），作者布赖恩·梅隆尼（Bryan Mellonie）。
- 《勇敢的老妪》（*The Little Old Lady Who Was Not Afraid of Anything*），作者琳达·威拉斯（Linda Williams）。
- 《月亮狂欢节》（*The Moon Was at a Fiesta*），作者马修·戈勒布（Matthew Gollub）。
- 《巴勃罗记忆中的亡灵日》（*Pablo Remember the Fiesta of the Day of the Dead*），作者乔治·安科纳（George Ancona）。
- 《南瓜毯子》（*The Pumpkin Blanket*），作者德博拉·特尼·萨温（Deborah Turney Zagwgn）。
- 《雨水带来苹果酱》（*Rain Makes Applesauce*），作者朱利安·海尔（Julian Scheer）。
- 各种科学与自然读本。
- 幼儿自编故事书。

其他活动与郊游

- 游览南瓜地和苹果园，准备烹饪需要的食物。

◁ 与家长讨论，安排参观墓园事宜。

㉗ **课程分析**

　　秋天到了，萨隆知道，幼儿已渐渐感受到周围世界在悄然发生变化。她在设计课程时，希望能将幼儿在日常生活中的具体感受和体验融合在课程内。萨隆通过不同方式，让幼儿能够对自己看到、听到、闻到的周围事物进行探究并从中进行学习。

　　萨隆为幼儿的探究和学习提供了各种材料和活动，并让他们在探究过程中充分将自己的身体和各种感官投入其中。她着力于创设环境，为幼儿提供机会，使幼儿能在一个更高的层面上探索，让幼儿在扮演新角色的过程中观察一些更为重要的内容，领悟到自己的探究力量，体会到生命的萌发与终结，感受到材料、自然和人的不断转变。萨隆在制订课程时，充分关注了幼儿的探究过程，而并不在意最终的幼儿作品，更不是让幼儿"人云亦云"。在萨隆的课程计划中，幼儿成了课程的主人，他们才是课程的创造者。

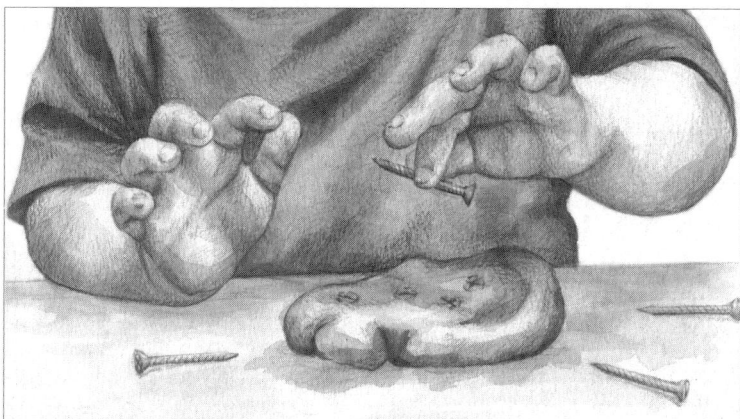

 案例分享

要成为一名优秀的幼儿教师，就必须不断学习。凯利·马修斯开办了一所家庭照料中心。下面，凯利讲述了自己照料的一名幼儿对她实施课程计划的影响。她在反思中也意识到这一点，更加领悟到幼儿学习的深层含义。

本对我的影响

（讲述人：凯利·马修斯，家庭照料中心教师）

我常常觉得班级活动尽在自己的掌握中，所有的活动都能按部就班地进行。每逢这个时候，我内心就在想："今天真顺利，幼儿教育就应该这样。"我设计好各种活动，然后让孩子观察、尝试。这样，他们就"掌握"了要学的内容，我也完成了一天的工作。换言之，我现在的这份工资换来的就是教孩子做这些。

过了一段时间，原本顺利的教学过程渐渐显得平淡无奇。尽管教学工作依然得到家长的夸奖，但我还是觉得缺少了些什么。外面对自己的工作评价很好，但我内心却异常纠结。虽然孩子依旧会摆弄学具，遵循教师的指引，孩子之间也相处得很好，但我还是觉得哪里出现了问题。我自己的内心总有挥之不去的想法：还可以为孩子做些什么，不再是每天做一些计划之中的事情，也不再是每天让孩子听从教师的安排。

这种内心的想法给我的工作找到了新的起点。虽然每天最后的工作还是布置环境，但我内心的想法却不会就此停止。实际上，这些想法也成为我以后工作的指南。同时，我对教师的工作进行了反思。之前，我认为，教师的工作不过就是教孩子做些事情。但我现在认为，这是一种错误的观念。我的工作应该是帮助孩子思考，使得孩子的思考变得清晰，更是帮助孩子将这些想法表达出来。相对于我与孩子之前的互动，这是一种全然不同的理念。以前，我总是先计划好每周、每月甚至每年的活动主题，然后让孩子参与这些主题活动。现在，我开始把更多的时间用于设计一些开放式的情境。在这些情境中，教师和孩子一起探索、讨论，然后找到解决问题的各种方法。我也学会了"退一步"，不再把自己当作"专家和权威"。自己也改变了一些过去的做法，每次活动不再是自己带些东西来展示给孩子看，告诉孩子怎么玩，而是让他们自己去练习。

通过反思，我还得到另一个重要的启示。虽然自己知道的也不少，如恐龙、橡皮泥以及其他幼儿教育机构的活动主题，但是对自己的孩子知道什么，我却知之甚少。我只知道让他们重复做事情。更重要的是，我并不知道他们是怎样萌发想法的？孩子怎样建构自己的知识？孩子用这些知识来做什么？他们已有的想法是怎样转变的？他们怎样将不同的经验联系起来？

于是，我怀着好奇心开始了新的探索。在陪伴孩子共同成长的过程中，我把自己也当作一个学习者。有一天，我在桌上摆好了一些面团和各种螺丝钉。当本（Ben）玩面团和螺丝钉时，我让他看我用整条螺丝钉在面团上做印记的方法。本杰明也在面团上做了印记。不过，他在我的方法基础上，使用了自己的方法。他只是用螺丝钉的头在面团上做印记。有些螺丝钉是十字螺丝钉（philips head screws），有些螺丝钉则是平头一字螺丝钉（flathead screws）。本杰明拿起一个螺丝钉，并未直接印在面团上，而是仔细看了看，大声说："这个有点儿不一样！"这是孩子建立学习联结的典型案例。

当时，我是一名教师，也是一名学习者。我告诉本杰明做印记的方法之后，他又在我的基础上有所创新。如果我只是为了教孩子"做印记"，那么我当时可能会忽视他的好奇心、灵活的思维和将知识运用到新情境中的能力。我渐渐体会到，那不仅仅是本杰明在学习，本杰明也让我明白他是怎样学习的，这是十分可贵的。

有时，我感觉到自己已经忘却了教育是怎样一个既复杂又需合作的过程。幸运的是，我有像本杰明这样的一群孩子，是他们时时在提醒我，让我不会迷失方向。

思考与分析

结合上述案例，思考案例中的教师是如何学会重构课程的。可以给故事的主人公凯利发邮件（KMatthewsReflect@gmail.com）。思考重点如下。

- 凯利认为自己在原先的课程设计中"缺失"了什么？
- 她如何借助环境和材料了解幼儿的想法？
- 她对于教师的角色有什么新的认识？

(31) **实践运用**

对当前课程设计方法的反思与记录

根据下面的问题，在空白处写下自己对当前课程设计的思考。

1. 你设计课程时，一般要经过哪些流程？从哪里开始？侧重点是什么？

_____

_____

_____

_____

2. 如果回头审视先前设计的课程，该课程是否包含或涉及对幼儿有意义的复杂性知识或经验？

_____

_____

_____

_____

3. 本章的内容对于你改进目前的课程实施方案有何帮助？

_____

_____

_____

_____

第二章

创设幼儿园环境

㉝ 自我反思

想想自己家里，哪个房间让自己觉得十分舒适？房间中的哪些元素和物件最能彰显自己的个性，展示自己的成长经历与兴趣？什么最让自己赏心悦目？什么最吸引自己的眼球？什么最想让自己想去触摸？什么最能让自己静静聆听？什么最能荡起自己心中的涟漪？什么会激起自己的好奇心，让自己渴望了解更多？

幼儿园环境的重要性

我们所处的环境深刻影响着自己的感受、行为和关注。幼儿更是深受环境的影响。如果幼儿在幼儿园里极目四望，到处都混乱不堪，了无生趣，那必然会影响到他们的行为，影响他们的学习，甚至影响他们长大后成为怎样的人。

无论哪一种幼儿园课程，其根基都是环境。大多数涉及幼儿园环境的图书，都描述了环境布置的基本要素：确定活动区域，提供适宜的材料，让幼儿随手可得，随处可见。尽管对于以儿童为中心的课程而言，这些都很重
㉞ 要，但是却不能仅限于此。环境创设应能激发幼儿的好奇心，能给幼儿带来赏心悦目的美感。环境创设应对幼儿有吸引力，有助于培养幼儿的好奇心、激发幼儿探究的意愿和想象力。本章为你提供一些以儿童为中心的课程中最

基本的环境布置策略。以此为基础,建议你参阅《为生活与学习的设计》
(*Designs for Living and Learning*,2003)一书,了解以儿童为中心的课程中
环境创设方面其他更详尽的内容。

从儿童的视角看环境创设

先花几分钟回顾一下自己班级的环境。除了整洁之外,环境是否能激发
幼儿的好奇心和积极探索的意愿?我们不妨蹲下身来,从幼儿的视角审视整
个班级的环境创设。其中,是否有能激发你的好奇心的内容呢?是否有能让
你想去触摸和探究的内容?这些东西是否在你触手可及的范围内?如果你的
朋友过来和你一起玩,是否有足够的空间?是否有一些物品可以信手拈来,
当作游戏的小道具?环境中是否有一些物品能让你有家的感觉?

当你蹲下身来从幼儿的视角审视班级环境创设时,请运用下面的《环
境创设评价表》进行评价,在符合情况的条目前打"√"。

表 2-1　环境创设评价表

☐ 材料能被幼儿看到,能用得上,摆放整洁,有吸引力。
☐ 有来自大自然的多种材质、形状和元素的材料,吸引幼儿去探索与发现。
☐ 空间布置灵活,当很多幼儿在同一区域游戏时,空间可扩展。尽量不对进出各活动区域的幼儿进行限制。
☐ 除了食物模型、木制积木、乐高积塑等玩具外,还有许多可拆装的零部件,如布、软木、管子及塑料环。
☐ 环境布置体现幼儿的生活经验和兴趣,陈列幼儿作品的样本、照片、草图、在家中制作的图书及带有故事性的物品。
☐ 各种体现不同角色及文化特色的图片,帮助幼儿感受它们的异同。

㉟

现在,让我们再来看看你的《环境创设评价表》。你在几个选项上打
"√"?不是很多,还是基本上都打"√"?你对结果诧异吗?以下内容将介

绍有关环境创设的基本策略，旨在帮助你创设一个能让你和幼儿都乐在其中的环境。

创设激发梦想和想象的环境

在为幼儿和教师自己创设丰富的环境时，首先要考虑美学效果，努力营造一种能激发幼儿好奇心的氛围。回顾常规的环境布置：鲜艳的三原色，可爱的卡通图画、展品及带有商业符号的玩具，用塑料等制成的各种材料。

这种环境或许有很好的作用，也易于布置，但其中体现了怎样的价值观和教学理念呢？常规的幼儿园环境常常给幼儿过度的刺激，而不是激发幼儿的好奇心或想象力。常规的环境通常不够温馨，缺乏对幼儿的吸引力，无法真正激发幼儿探索的意愿，反而给人留下商业化的印象。

当你环顾教室，思考着如何把环境打造得吸引幼儿，给人愉悦的美感时，需要考虑以下三个重要元素，即存储性、光线和美感。

材料的存储与布置

材料的存储与布置，如果用心，就会营造出有序、优美的意境。谨记"少就是多"（less is more）的原则。根据某一阶段侧重的学习目标和幼儿的兴趣投放学习材料。材料的存储要方便幼儿拿取，材料的呈现也要井然有序，这不仅有助于吸引幼儿的注意力，而且有助于激发幼儿的好奇心，鼓励幼儿想去接触这些材料，并能有意识地使用。

◁ 装材料的箱子最好用天然材质制成，颜色柔和，开口较大，幼儿能看到里面的材料。

◁ 使用草篮子、木碗、托盘、透明塑胶桶、盒子和罐子、帽盒以及各种美观大方、质地舒适的容器，方便取放，也有利于幼儿使用。

◁ 在教室内意想不到的地方放置不同大小和形状的镜子，把材料放在上面，便于幼儿看到，增加探索机会。

光线

教师要十分留意环境的光线。精心利用室内光线，有助于启发幼儿从不同的角度探索，丰富幼儿的学习内容，提高幼儿的学习兴趣。

◁ 只要有可能，教室尽可能采用自然光。

◁ 在窗户处悬吊一些挂饰，可帮助幼儿观察到吹进来的微风，光线的折射还能让幼儿看到彩虹，并会在室内投下阴影。

◁ 使用安全灯泡、可调节明暗的开关和其他一些间接光源。在一些地方可使用彩色灯泡或彩色凝胶，突出相应区域或营造某种特别的氛围。

◁ 在餐点和午休时点亮蜡烛，表示某个活动或仪式的时间已到。蜡烛放置在封闭容器中，不让幼儿碰到。建议使用电蜡烛，避免蜡烛燃烧时可能产生的毒素或释放的气味诱发儿童哮喘。

◁ 在墙体、书架及柜台等地方放置镜子，通过对灯光和场景的反射，营造出宽敞的空间效果。

舒适度的营造

环境的材料要能让幼儿感受到有趣、温馨和快乐。尽量避免使用图案复杂的地毯和编织物。色彩要协调、柔和，避免让幼儿眼花缭乱。选材要考虑到营造良好的环境氛围，让幼儿易于找到自己的兴趣点。在旧货出售（garage sales）①、跳蚤市场和二手货商店中，留意以下这些物品或与之类似的物品。

38

- ◁ 草垫、小地毯。
- ◁ 枕头、靠垫、豆袋椅（bean bag chairs）。
- ◁ 多种质地、颜色、厚度、风格，体现不同文化的编织物。
- ◁ 艺术作品及明信片、自然风光图片及画报。
- ◁ 雕塑、陶艺、自然材料编制的篮子及其他各种艺术品。
- ◁ 被子、毛毯。

自然资源的利用与环境创设

我们很重视幼儿的安全和为幼儿承担的义务和责任，因此容易将幼儿禁锢于室内或"圈养"起来，为幼儿提供的大多是用塑料、混凝土或冷冰冰、坚硬的金属制作的材料和设施。幼儿在自然世界体验快乐的机会越来越少，在游戏中通过使用柔软、天然的材料获得感官享受的机会与日俱减。而研究表明，经常接触大自然，对于增进人类的健康和幸福至关重要。

无论在室内还是在室外，我们都可以通过多种简便方式，为幼儿提供接触自然的更多机会。如可以设置感官桌，在感官桌里放置沙子和水；创设用自然材料布置的活动区角供幼儿探索；种植小盆栽，抚养小宠物，开辟植物角，让幼儿打理和照料。

---

① 美国家庭通常会在周末将家中不再使用的物品在自家车房中展销，供路人选购。——译者注

使用自然材料的方法

    ◁ 在教室四周放置一些大石块或树枝，当作座椅或小型工作台，也可当作室内攀爬物、障碍物，或者用它们将室内不同区域分隔开。

    ◁ 在各个活动中心或活动区增添小树枝、小岩石、贝壳、羽毛、树叶、浮木、鹅卵石和其他自然材料。在积木区，这些材料可成为搭建与建构的重要组成部分。在表演区，这些材料可假装为人与动物的食物。在科学区，这些材料可用于数数、分类。在艺术区，这些材料又能成为幼儿感官探索、拼贴画和表述的对象。

    ◁ 房间四周摆放一些植物、小树和花朵。添置一些吊篮，让幼儿感觉天花板没那么高，增加温馨的感觉。营造一个让幼儿可坐在树下读书的阅读区。在书架和幼儿吃饭的餐桌上摆放一些盆栽和花朵。在室内或室外建造一个小鱼池或鱼缸，上面漂着睡莲（在苗圃或家居店可找到价格适宜的套装）。

    ◁ 在教室里安装一个小型冒泡喷泉或瀑布（在苗圃或家居店可以找到）。

（40）　**环境创设要具有灵活性**

以儿童为中心的课程必须为保护幼儿的童真开辟一片天地，激发幼儿对学习的热爱。因此，教师需要放慢脚步，给幼儿充分的机会和时间去探索，充分挖掘环境中能激发幼儿美感、好奇心、探索欲、快乐和同伴交往意识的各种元素。

丰富的课程源自日常生活经验，包括进餐、收拾玩具、自我照顾和场地变换；源自幼儿积极探索、快乐分享和问题解决的过程；源自教师给予幼儿充分的时间，即给幼儿足够的时间游戏，激发幼儿的兴趣，锻炼幼儿的动手能力，增进幼儿的同伴关系。

幼儿园的环境创设犹如舞台布置，通过氛围的营造和探索机会的创设，能激发幼儿积极投入到学习过程中。教师要避免僵化不变。相反，无论是空间布置、规则制订还是作为教师的成人的理念和想法，都应该保持一定的灵活性。作为幼儿的引导者和幼儿积极学习的激励者，教师犹如即兴的"表演艺术家"，要能对幼儿的需要作出迅速反应，及时调整空间布置，为幼儿创设新的探索途径和方法，为幼儿的探索、发现及人际关系的建立营造机会。

幼儿园的常规和环境布置对幼儿生活和学习起着调节作用。在幼儿一日生活中，我们太关注幼儿是否已经按要求准备好——准备好用餐、准备好去户外、准备好午睡、准备好听故事、准备好上小学等。在这种"准备好"的思维模式指导下，我们往往对"此时此刻"的幼儿视而不见，未能关注他们当前的真正需要和兴趣。研究表明，一般情况下，如果幼儿玩某个游戏时全情投入的时间少于 30 分钟，通常不会出现复杂游戏。如果将该研究成果运用于幼儿教育实践，则意味着在游戏过程中，教师应尽量少安排幼儿"过场"或转换游戏，这样才能让幼儿有较多的时间进行充分探索。从儿童中心的角度出发，一日生活皆课程。幼儿的活动、活动常规、活动过渡乃至入园和离园，无论是预设的还是生成的，这一切都是课程的内容。

以儿童为中心的课程的影响要素 ㊶

在制订课程方案及满足幼儿需求的过程中，教师需要考虑以下要素。

🖑 与幼儿的家庭建立密切联系，在课程制订过程中，考虑幼儿家庭的状况和需要。

🖑 为幼儿营造的空间和提供的材料，要有助于激励幼儿自主游戏和不断探索。

🖑 环境布置和活动常规要具有一定的灵活性，确保能适时调整，满足幼儿在游戏过程中的需要。

🖑 在幼儿游戏过程中，尽量减少成人干预。

🖑 当幼儿结束一个区域活动，转向另一个区域活动前，对活动场地的整理要求具有适当的灵活性。

🖑 将幼儿自发的游戏纳入整理环节和集体活动的常规中。

🖑 尽可能减少过渡环节与游戏之间的差别。

🖑 在教师的指导下，让幼儿相互协商游戏轮换，避免采用规定时间的限制方式干预幼儿。

🖑 如果某项游戏进展不顺利或转换困难，可以创设一些仪式，也可以创设一些重要的时刻和庆祝活动。

利用环境改善教学的七个基本原则

也许你正在对幼儿园课程进行调整，使它能更好地体现出幼儿的生活经验，但无论对于你还是你所在幼儿园的幼儿来说，以下的七个原则都会为你提供更有意义、更丰富的经验，也有助于你为幼儿的入学准备奠定更坚实的基础。

原则1：创设环境，给幼儿足够的参与时间 ㊷

将环境作为课程的基本内容，在空间布置和材料投放上，做到便于拿放、引人入胜，为幼儿提供多种选择的机会和可能性。允许幼儿至少每次有一小时的时间从事开放式的自选活动，而不受制于成人制订的时间计划表。

原则2：有开放的空间

有些幼儿园总是要求游戏材料摆放在固定区域，这种陈规必须去除。教师应该允许幼儿把不同区域的材料整合起来使用。如果表演区的衣服不能穿出表演区，那么幼儿怎么可能在玩橡皮泥的区域中扮演一个穿制服的大厨呢？又怎么能在积木区扮演一位穿制服的消防员呢？在积木区和表演区，也需要一些笔做标志和记号，还可能需要一些绘本，让幼儿读给布娃娃听，或者在搭建积木的过程中做参考。所以，在教室的各个区角中，教师要提供丰富多样的开放式材料和零部件，供幼儿搬运和转换。

原则3：不要打断幼儿重要的游戏

教师设计活动的目的是让幼儿真正投入到他们所选的感兴趣的游戏中。当幼儿自己经历游戏过程的不同阶段后，他们才能胜任复杂、合作性的游戏，才能在越来越长的游戏时间中进行相互沟通和表达。如果此时用成人的时间表或活动去打断幼儿的互动，那将不利于发展幼儿的注意力，也不利于增强幼儿的自我调节能力和独立性。

(43) 原则4：结合游戏情况随机安排整理环节

用心良苦的教师或许是希望幼儿学会保持环境整洁，因此在幼儿的表演过程中，会要求幼儿暂停一会儿，把不同的玩具收拾好。但是我们设想一下：一位幼儿扮演消防员，他接听了消防热线电话，这时他所想的是要表演完这个游戏，而不是停下来几分钟去拾起丢在一旁的衣物。此时，教师完全可以静悄悄地将某个区域收拾好，或者先观察幼儿的游戏是否有自然的停止时刻，然后再让幼儿收拾。教师要尽可能将收拾物品的时间安排在专门的一个时间，避免安排在游戏活动期间。

原则5：引导幼儿相互帮助

幼儿需要感受到自己是能干、有想法的。当教师意识到某位幼儿需要帮助时，可以引荐其认识另一位能为其提供帮助的幼儿。教师为幼儿的交往和互动提供示范、支持和辅导，培养幼儿形成相互帮助的态度和技能。教师对于幼儿之间的冲突，也可以采用类似的方法进行引导。尽量给幼儿提供一些至少需要两个人合作才能完成的规则、材料和活动。

原则6：用心观察幼儿，寻求提供指导和拓展幼儿思维的机会

对幼儿的回应要仔细、有目的。教师通过为幼儿提供技能、材料或语言方面的帮助和辅导，让幼儿能借助成人的智慧和知识，进一步拓展自己的想法和目标。教师要参与到幼儿的学习过程中，善于赏识幼儿的想法，并将成人和幼儿的真实生活体验联系起来。

原则7：出手干预前要"三思而后行"

谨记并非时时刻刻都需要教师去教。幼儿需要一些时间去探寻自己的想法，解决同伴间的冲突，还要保持自己的小隐私，而这些对幼儿来说都很有益处。

44

使用可拆装的玩具和材料

多数玩具和游戏材料都由大公司生产，通常出现在电视、电子游戏和电影中。这些玩具和材料通常有一个主题、脚本或具体的使用说明。这些玩具能激发幼儿的探究、想象和创造力吗？大多数情况下不能。因此，教师的任务是提供开放式的材料，使得幼儿有机会使用、转换，并将自己的经验和想象融合在运用材料的游戏过程中。

"可拆装零件"（loose parts）是由建筑师西蒙·尼克尔森（Simon Nicholson）提出的一个概念，它表示开放、可拆装的材料，这些材料可以为幼儿提供使用、转换和将自己的经验和想象融合在活动过程中的机会。有了这些机会，幼儿可以将可拆装零部件当作发明、创造的道具，用于游戏和对世界进行探究。幼儿能用各种神奇的方法，使用和转换这些零部件。

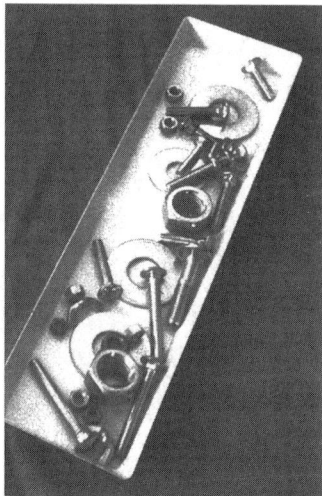

要使幼儿园环境中的可拆装零部件更为丰富多样，就必须在日常生活过程中留意收集各种有趣的开放材料。无论是从家庭的旧货售卖、二手商店，还是从自家放置在角落的盒子或储物柜里，都可能找到这些有趣的材料。以下是丰富和充实这些课程的建议。

厨房类材料

(45)

父母都会说，相对于某些奇特的新玩具而言，幼儿更喜欢玩陶罐、锅、铲、塑料桶等。对于幼儿的创造性游戏而言，厨房里面的各种零部件是很好的玩具。其中最好玩的是厨房中可拆装、可移动的部件，如筛子、钳子、开

罐器、胡桃夹子、蛋盒、打蛋器、计时器、制冰格、碎肉（芝士）机、压蒜器、挖瓜勺、蔬菜蒸锅。教师可以在集体活动时间介绍这些物品，然后在自由活动时再次把这些物品介绍给幼儿。

绳线类材料

把能找到的各种绳子、麻线、纱线、鞋带和其他不同长度的绳线类材料收集到一个盒子里。在幼儿室内或户外活动中，将这些材料提供给幼儿，还可配上夹子、滑轮或回形针。对于这些材料，幼儿会有

多种多样的玩法，包括探索绳线的长短、测量物体长度。在游戏过程中，幼儿还可能学会用这些材料捆绑物体。在第一次向幼儿介绍绳线的使用时，教师要进行有关的安全规则指导。

农田材料

46

成包的秸秆物美价廉，是很适合在户外使用的可拆装材料（有些自信的教师也将其用于室内）。如果是完整打包的秸秆，幼儿可用来攀爬。如果秸秆散开，松软的秸秆也可以变成幼儿跳跃、玩躲藏游戏的好去处。幼儿还可以将其用作表演游戏的道具；可以在游戏中把秸秆装上车，送去喂养动物。在使用前，要注意有些幼儿可能对秸秆过敏。

盒子类材料

盒子可用于收纳物品，也可用于探索空间关系，或给自己和同伴提供一个私密空间。盒子能激发幼儿各种各样的表演欲望，也为他们搬运物品提供机会和工具。放在桌子上的小盒子还可用来练习分类。盒子的用法多种多样，是丰富幼儿园课程不可或缺的资源。赶快行动吧！

纺织品材料

材质多样、形状各异、大小不一的纺织品是以儿童为中心的课程的重要组成部分。幼儿可以将布用作感官探索（折叠、透视）、表演游戏（戏服、毯子）和建构（搭帐篷、建藏身之所）的材料。他们还可以用这些布遮挡桌子、积木、自己和同伴，探索空间概念。教师可向幼儿展示颜色各异的布，也可向他们介绍不同布上隐含的各种文化，还有各种形状和手感的布，如薄的、厚的、串珠的、闪光的、带花边的、粗糙的、柔软的。

废旧材料

47

旧货店、二手市场有很多有趣的小玩意儿，这些都可以转变成幼儿游戏的道具（还可以从自家找一些）。有时，你甚至都不知道这些小玩意儿是用来做什么的。最好的是能拆开，又能装回去，或能打开，又能合上的。以下物品供参考：门把手、开关、夹子、管子、大螺母、大螺栓、合叶、滑轮、滚漆筒、松紧带、扳手、手工工具以及一些可拆开的旧家电。注意检查这些物品是否带有锐利的边角或已拔出插头，也要留意聚氯乙烯材料可能存在的毒性。

食物包装袋及其他材料

教师自己或提醒家长在厨房准备好购物袋，将清洁的食品包装袋、小盒子、纸卷筒和一些丝线收集起来。一些回收机构也可以提供类似的物品，让幼儿去探索和发现，如各种大小和形状的海绵、泡沫、纸袋、容器、小毯子、木料、塑料、瓦片、铝锅、木勺、塑料勺、旧电话线、电脑键盘及各种胶带。注意许多塑料制品可能有毒，提醒幼儿勿将塑料制品放入嘴中。

环境要体现儿童的生活经验

幼儿具有感知觉发展、身体发展和主动探索的需要，以儿童为中心的课程要体现幼儿在这些方面发展的需要。在前面的章节中，我们已初步探讨了如何通过环境创设、材料使用和活动组织去满足这些需要。

在设计以儿童生活为中心的课程时，儿童社会性和情感的发展同样值得关注。只有在课程中，教师充分关注幼儿个性、家庭生活及他们自主性的需要，才能有效培养幼儿的自尊心，使其能和与自己不同的其他人愉快相处，而这种能力需要在与他人有意义的交往过程中逐渐培养起来。

带着上述问题，我们不妨再审视一下现有的环境。请思考下述问题，将自己对这些问题的反思写在横线上。

1. 现有的环境通过什么方式让幼儿有归属感？

_____

_____

_____

_____

2. 现有的环境如何体现和尊重幼儿的生活与兴趣?

_____

_____

_____

3. 为了让幼儿在家庭生活、文化和社区情境中了解自己,我们为幼儿提供了什么样的学习机会?

_____

_____

_____

4. 对于和自己不一样的人,幼儿怎样才能做到移情——不惧怕、不攻击,更没有偏见?

49

_____

_____

_____

5. 为了有效减少幼儿机械模仿媒体中的超人形象和暴力行为,现有课程为幼儿提供了哪些展现身体力量和感受探索与冒险的机会?

_____

_____

_____

_____

回顾一下自己的答案。如果你觉得上述各项内容均有待改进,可以考虑采用以下的课程设计策略。

认识自我和家庭

幼儿只有感受到周围的一切与他们的生活和兴趣相关时,才会感到安全，才会感到被理解、肯定。在幼儿园生活中，教师要尽可能将幼儿的生活经验和兴趣融合到课程中，为此可以采用以下方法。

    ↪ 将幼儿在家里和幼儿园的各种生活照片定期展示在教室里，也可做成一本班级相册。

    ↪ 定期展现和交流幼儿熟悉的食物和进餐感受，邀请家长到班里，引导幼儿开展与烹饪有关的主题活动，将其作为课程的组成部分。

    ↪ 将能体现幼儿最近的兴趣和家庭生活的图书、图片和表演道具充实到课程中，如家里刚出生的宝宝、搬家、父母的工作和家庭活动等。

    ↪ 将幼儿及家庭、住所和邻里的照片用于猜谜语和表演的纸偶制作中。使用照片时，可先将照片放大，然后将照片粘贴在硬纸板或泡沫板上，再按照照片形状把硬纸板或泡沫板的边角切除，然后悬挂在教室里。

    ↪ 每天的活动中都设一个"展示和分享"的环节。与其让幼儿只在某一天从家里带玩具到幼儿园分享，不如鼓励幼儿每天从家里带些有特别意义的玩具，充实到活动区。介绍玩具的同时介绍使用方法。

    ↪ 建议在室内开设一个新的活动区"教室与社区新闻中心"。幼儿园通常有展示与表述（show and tell）区，区角有幼儿从家里带来的照片、故事、家庭制作和自制图书、家庭相册或其他物品。中心的创设可使这一区角的传统功能得到拓展。有条件的幼儿园可在中心添置技术设备，如电脑、电子白板或投影仪。另外，准备数码相机、纸笔和现成的空白页，让幼儿有机会把大家在教室中共处的经历记录下来。

认识他人

    幼儿对他人有本能的好奇。对于幼儿来说，分类是幼儿基本的发展主题之一。幼儿总是力图分辨接触到的人的异同。教师可为幼儿提供有差异性的图片，让幼儿学习分类和比较。

    ↪ 很多图片体现人们搬运不同事物（如孩子、水和食物）的各种方法，将这些图片放给幼儿看，可以加上篮子、背包、水桶、竹竿、布带等道具，让幼儿进行角色扮演或表演游戏。

    ↪ 和幼儿一起阅读展现人们各种不同住所的图书和图片，帮助幼儿了解如别墅、单元楼等家庭住所的特点，也了解可移动居室的特点，还有一些代表其他文

化的居住场所。建议为幼儿提供岩石、
细枝、大理石块、稻草包、熟石膏、树
叶和竹子等材料，以便幼儿在建构游
戏中使用。

  ↵ 烘焙不同国家的不同面包品
种，例如希腊的皮塔饼、油炸饼、发面
面包、无酵饼，中国的餐包，埃塞俄比
亚的摊饼，北美的硬面包圈，印度的烤
饼、羊角面包等。

  ↵ 通过幼儿园收集的家庭合影或
绘本上的照片，帮助幼儿了解家庭和
睦相处的多种方式。

  ↵ 向幼儿介绍各种家庭结构、文
化、庆典、传统和生活方式。

消除偏见

  为了消除偏见，与其向幼儿介绍多彩的活动或不具典型性的庆典，不如
向幼儿介绍现代生活和典型的生活方式。为了克服幼儿由差异性带来的恐
惧，消除偏见，建议在课程中融合以下内容。

  ↵ 让幼儿对褐色和黑色（如含香草、薄荷、甘草、杏仁香精的颜料、黏土和
橡皮泥）有积极的感知体验。

  ↵ 教师注意自己的语言，避免无意中将一些成见传递给了幼儿，如只有男性
才能成为消防员、医生或有力量的人；只有女性才是温柔的，才能抚育下一代；只
有有色人种才有文化；幼儿总是与父母生活在一起；所有的人都过圣诞节；每个家
庭都有足够的钱开生日晚会。

  ↵ 当幼儿发现人们之间的差异并告诉成人时，成人要作出积极的回应，帮助
幼儿感受到有差异是正常、有趣的，而且要接纳各种差异性。

  ↵ 如果班上幼儿拍摄的照片中有与不同种族和经济状况、穿着各色民族服饰
的幼儿的合影，将照片展示出来，供其他幼儿观看。

52

关注儿童的身体发展

幼儿发展的中心总是围绕着身体的发展与变化。如果幼儿身体孱弱、缺乏力量，该怎么办？同时，幼儿的肢体不断成长，精力日渐旺盛，教师又该如何做？为此，我们需要在幼儿园的室内外为幼儿创设强身健体、可活动探索的空间，将幼儿的童年从商业利益中夺回来。

幼儿的想象力日渐成熟，他们想要寻求能表现自己身体力量和探索的机会。但是，我们时常轻视幼儿自尊和自我肯定的需要。我们一边夸幼儿"真像一个大孩子了！""真棒！""多可爱啊！"，一边又唯恐幼儿身体发展太快，精力过于旺盛。我们往往忽视了幼儿对探索、冒险和勇敢的渴求与需要，却一味出于安全的考虑，转而将幼儿交给电视、电影、电子游戏和商业化的玩具。

为了促进这一年龄段幼儿的身体发展，教师可以采用创设障碍跑道、不时变换障碍物、适当增加活动难度等方法。此外，教师还可让幼儿使用真实的工具，从事一些有意义的工作，允许幼儿适当冒险。所有这一切，都能帮

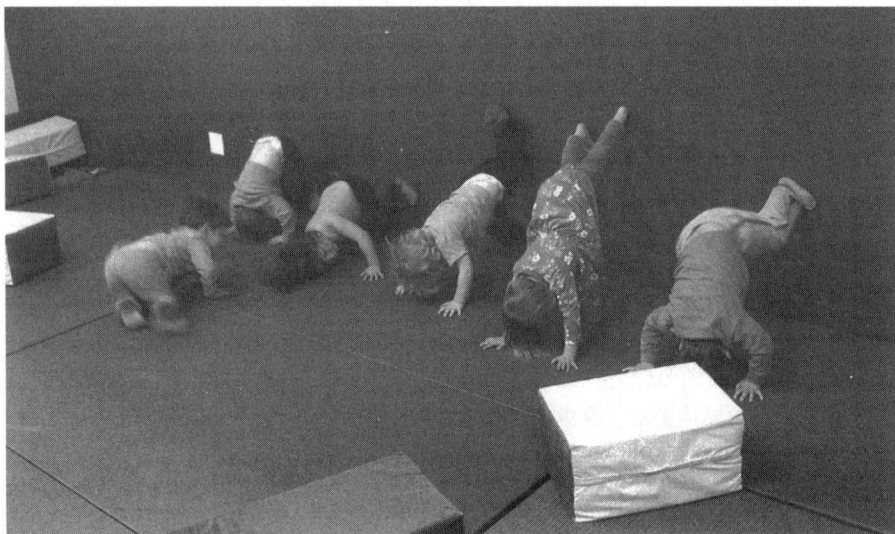

助幼儿感受到自己是能干的、充满力量的。

有些幼儿会迷上商业化节目中的超人形象，因此，建议教师在现实的游戏活动中增加一些身体强健的人物形象，但避免出现性别定式。教师可将活动编成冒险故事，将幼儿作为故事中的人物。在故事中，教师可以特地创设一些情节表现幼儿发展中的冲突，如善良与邪恶、强壮与懦弱、可接受的与不可接受的内容对比。

对幼儿园环境与常规的思考

54

在你将本章所述一些观点融合到工作中之后，请一位同事帮助你重新审视你所创设的环境。请他用前述所列的评价表，巡视活动中不同的区角，将检查结果记录下来。请你的同事记录观察到的项目和内容，然后，你们一起讨论，借助头脑风暴法，决定哪些要添加、哪些可删减。旁观者清。有时，他人的角度和视野能帮助我们更好地梳理我们已掌握的知识、技能。同事间的合作，有助于创设相互学习的机会。

案例分享

以下故事源自劳丽·S. 科尼利厄斯的经历。她是一所幼儿园的园长。下面这个故事首次收录于本书 1996 年出版的第 1 版中。她们在为幼儿创设一个户外游戏场所。在这个过程中，她们将自己的童年记忆融入其中，并设计了各种活动指引，而非规则。她们的努力，为这所幼儿园的幼儿创设了许多宝贵的学习机会。请大家注意，这所幼儿园颇具胆识地出资创建了户外游戏场所。随后几年，这种让幼儿重返自然的风气席卷美国。现在，她们又开始关注如何重新设计户外游戏场所。劳丽的教育梦还在不断延续。对此，我们可以从她为该故事写的附言中感受到。

教育梦想成就课程建设—— 一个有关户外游戏场所的故事

（讲述人：劳丽·S. 科尼利厄斯，幼儿园园长）

几年前，我们创办了一所新的托儿中心，该托儿中心位于美国华盛顿州温哥华市，它是为当地克拉克学院（Clark College）学前教育专业学生开设的实验幼儿园。这所托儿中心的操场破旧不堪，需要翻新。操场上仅有一些残破的简陋设施，很不安全。于是，我们将这些破旧的设施全部铲除。但作为幼儿园的园长，随之而来的问题是寻求经费，修建一个新的户外游戏场所。修建这样一个户外游戏场所，无论对于幼儿园的教师还是孩子来说，都成了理解"生成课程"的重要途径。在这个过程中，我们坚信，我们要不遗余力地追寻我们的梦想。

源自童年的记忆

为了更好地做好心目中户外游戏场所的规划，我将家长和教职员工们召集在一起，共同回忆各自童年时的游戏情景，一起分析哪些游戏场所对孩子的发展有价值。通过讨论，我们列出了很多童年时户外游戏活动的记忆和经历，其中有不少共同之处。列出的游戏主题包括冒险、感受自己的力量、建构、牵拉、搬运、挖掘、运送物体、躲藏、与同伴自由玩耍。我们还记得各种不同的声音、材料的材质，而以往四季的变化也历历在目，不同的味道、枝上长刺的灌木、沙子和泥土也记忆犹新。而有了水，我们就可以玩出各种花样的游戏。

清单列出来之后，我们接着思考这样一个问题：孩童时期的这些经验隐含了哪些基本要素？换言之，如果要玩"躲猫猫"的游戏，就需要有个地方可以玩这样的游戏。如果想玩"修水坝"或"建城堡"的游戏，就需要有水、石块和木头。如果想要躺在树下，就需要有树荫。其中，一些人也回忆起孩童时在农场长大的经历——在草垛上跳跃，在稻草里嬉戏。为了营造这样一种再现童年经历的环境，我们一并列出各种道具和过程。

随后，我与辛迪·本尼特（Cindy Bennett）一起设法解决修建户外游戏场所所需的经费问题。辛迪负责撰写经费申请报告。她告诉我，联邦政府有一些用于公园建设的专项经费。她问我："政府的构想和我们学校追寻的模式是否吻合？"为此，大家一起研讨，希望通过头脑风暴的方式，力求找到能得到社区经费资助（包括专项经费资助）的构想。我们的想法是，如果社区里60%以上的孩子都进了幼儿园，那么，他们在公园玩耍的时间就不多了。相反，他们大多数的户外活动时间会被禁锢在幼儿园篱笆墙内的操场

57

上，而很少再有机会享受公园的优美环境。

为此，我们开始设想把幼儿园的户外环境布置成公园。这种想法，彻底变革了我们的设计理念。我们突破了传统课间休息概念的藩篱。在传统理念中，课间休息就是让孩子在户外奔跑，从事大动作游戏，在户外活动中把精力发泄出来，这样，似乎回到教室里就会循规蹈矩。之前提到，我们列出了许多孩童时期的记忆，由此接着思考这样一个问题：怎样将这些孩童时期的要素用于在操场中创设公园般的环境？随着我们思路的变化，筹集经费的方法也有所改变。

我们深知，要让赞助人接受我们的理念，就必须突破将游戏场所只作为攀爬活动区的常规概念，而必须对游戏活动场所的设计有更深入的认识。为此，我在电话簿中搜寻，终于找到了一位建筑设计师。他的名字是荣·梅特莱（Ron Matela）。他抽空和我们一起现场察看了空旷的户外游戏场所，还花了很多时间和我们一起谈论理念，探讨户外游戏场所的作用和童年时期的经验。

冒险理念在户外游戏场所设计中的运用

在户外游戏场所设计过程中，我们遇到的最大挑战是既要确保孩子的安全，又要为孩子提供冒险的体验。孩童时期，我们都曾有过这样的经历：我们花了很多时间在户外从事探索或冒险活动，有时会独自游戏，有时和小伙伴们一起玩，但都没有成人的陪伴。于是，我们在思考，怎样把孩童时期的经历融合在当前的户外活动中？每个人都曾有过这样的记忆：小时候所玩的一些冒险游戏得不到成人同意。这些冒险游戏常被认为是调皮捣蛋和行为不端，但并没有人因为玩这些游戏而受到严重伤害。

我始终认为，冒险是孩童时期经历的必要组成部分。特别是在具有安全保障的家庭或幼儿园环境中，孩子更应该有冒险体验。如果在孩童时期不让孩子冒险，那么长大成人后，就很难培养起对风险的判断能力。经过不断讨论，我们大家更坚定了这么一种信念，即要将游戏场地创设为可以让孩子适当冒险的地方，但要避免因成人的害怕而影响这种理念的实施。我时常感受到，成人观看孩子探索或冒险时，经常自己会感到害怕。成人出于自己的害怕，要么会以保护为名制止孩子的探索，要么将担惊受怕的情绪传染给孩子。

围绕着新的游戏场地的设计问题，我们进行了热烈讨论，大家相互启发，共同成长。经过讨论，我们一致认为，不能让自己的害怕情绪影响孩子的成长。为了更好地了解孩子要接触到的环境，我们自己先接触了一些存在安全顾虑的相似环境。在存在危险因素的环境中，我们不是试图去阻止孩子正在做的事情，而是首先用描述性的言语与孩子沟通、交流。假设有一位4岁的孩子骑三轮车过弯道时骑得很快，如果允许他跌倒，那么他在16岁开车时，就不会再犯类似的错误。我们经常扪心自问："假设有两种情形，一种是允许一个小孩跳过一根圆木，但跳过去后，他把膝盖的皮磕破了一些；二是从小什么也不让孩子去尝试，以至于他长大后因不自量力而冒更大的风险。以上两种情形，哪种更危险？"个体自制力的培养，需要掌握一些限定，但如果这些限定总是由外人强加在他身上的，那么个体的自制力能得到很好的发展吗？对此，我深感忧虑。

在我们的幼儿园中，如果不给孩子任何冒险的自由，不给他们机会让他们感到能完成一些困难的任务，那么孩子的发展将会怎样？如果孩子从未体验过所设限定的后果，他们又怎能学会判断什么才是安全的？我们应该允许孩子从小体验很小的磕碰给自己的感觉，这样，他们才能够感受到行为的后果。在过程中，孩子开始感受到自己的能力。孩子不断尝试，感受成功的喜悦，最终也会把事情做好。正是基于对孩童记忆的不断讨论，我们才悟出了这些对孩子发展的理解和认识。最终通过讨论，我们决定，在户外游戏场所的规划和设计中，我们既要包含让孩子有成功体验的情感元素，又要让环境有一定的挑战性，两个元素必须兼而有之。

将室内环境的创设经验迁移到户外游戏场所的设计中

在设计户外游戏场所的过程中，我们需要考虑的另一个重要因素是借鉴以前布置室内环境的经验。对于室内环境布置，我们可以说是"行家里手"。我们不想把户外场地布置成让孩子奔跑的空旷地，而是想把它布置成各种学习中心，为孩子获得各种体验创设不同的空间。基于孩童时期的记忆，我们列出了要创设的不同户外活动区域。

如果在室内，我们一般会用柜子或书架等将空间隔成若干小的兴趣活动区。那么在户外，怎样使用一些自然的身边材料将空旷的场地隔成不同活动

59

区域呢？为了将之前讨论涉及的教育元素考虑在内，我们开始种植小树、灌木，竖起篱笆，并加上石头、木块、树桩等，将户外空间自然隔成不同的活动区。由此，我们创设了种植区、休闲区，还有几个小山包可以让孩子攀爬、翻滚。另外，我们创设了一些区域，让孩子可以和同伴躲猫猫、挖沙子、搭房子、骑三轮车或进行各种角色游戏。在环境创设过程中，我们还融合了在孩童时期感受过的各种不同的户外声音和材质——摇曳的树枝、潺潺的流水，或石头碰撞、湖中水花溅起的声音，或轮胎轧过木板、树枝或落叶时发出的不同声响，或带刺的荆棘碰到皮肤时的感觉。我们在思考：布置户外活动区域能否实现上述的梦想？

我们深知，任何时候都要对孩子进行监管，这是我们的职责。但我们却想要创设一种户外环境，在这里，孩子有个人隐私，有不受成人控制的私人空间，但却依然在成人视线之内。为此，我们设想将小树和灌木丛种植在一起，既有小山包，也有小坑，这样给孩子营造在户外活动中保护隐私的感觉，但又可以创设出多种游戏内容的选择。在环境创设中，我们购买了少量的商业性设备，主要是考虑到它们对于促进孩子社会交往和个体创造力的培养有所帮助，同时也有助于孩子大动作技能的发展。

创设过程不断实现和修正理念

幼儿园中一座小桥的搭建经验，或许成为我们学会将教育理念运用到实践中的契机。这座小桥两侧有栏杆，顶上有横梁遮盖。起初，小桥只是为了让孩子骑三轮车经过，这样，他们除了能感受骑过水泥地面的声音之外，还能听到车轮轧到不同材质发出的其他声音。这种构思也是源自我们的头脑风暴。我们觉得，自行车车道环绕着整个户外游戏场所，是很得意的一个设计。不过，在使用过程中，我们却察觉到，孩子在小桥上玩出了很多新花样。有些孩子爬过小桥的栏杆，从栏杆上跳到桥下的石头上。目睹此景，有些成人几乎都心脏病发作了，很多人都想：要赶紧制订规则，不让孩子从桥上往下跳。

为此，我们又进行了一番讨论。经过讨论，大家决定还是先认真观察一下孩子在做什么，而不是急于制订规则。只有认真观察孩子的行为，才能确定我们制订的规则是否阻碍了孩子能力的发展。如果因为一个孩子从桥上跳下来受伤，我们就制订规则，禁止所有孩子从桥上跳下，那么对于那些能够从桥上跳下来而又不受伤的孩子，这样的规则意味着什么呢？

最后，我们问自己："那些想要从桥上跳下来的孩子，是否具备了这个能力呢？"这是我们提出来思考的最好的一个问题。正是这个问题，促使我们认真细致地观察了哪些孩子敢冒险从桥上跳下来。我们观察到，那些没有能力从桥上跳下来的孩子，只是爬到桥的扶手边，带着疑虑的表情观看，并没有从桥上跳下来。其他孩子甚至没有爬到扶手上，只是站在一旁的路边看。回想当初，如果我们制订的规则只适用于众多孩子中的一个，那么就可能限制了其他孩子的发展。

那一次讨论使得我们开始重新审视我们的教育理念。此后，幼儿园成立了一支由5岁孩子组成的体操队，他们的能力都很强。有一天，他们决定到桥上去，倒挂在桥顶遮棚的横梁上，悬在桥中央。最后，他们还真的这么做了。那时候，其他几个孩子骑着三轮车准备过桥，冲着这些倒挂的孩子骑了过来。这种情形，更让人心脏病突发！倒挂在桥上，这显然不是什么好的主意。看到此情此景，我们打心眼里感到担心。我们又在自问："这些'小体操队员'有能力做这些倒挂的动作吗？"答案是肯定的。但当我们问自己"这样做安全吗？"时，答案是否定的。为此，我们有必要制订活动指导原则。

我们制订的活动指导原则如下：在桥上游玩时，必须由两个孩子结对玩。这样，当其中一位想在桥上玩倒挂时，两人要先想好怎样把桥的入口拦住，然后其中一个孩子才能在桥上玩倒挂，以确保安全。通过制订这样的活动指导原则，而不是制订规则，我们发现，孩子自己玩出了花样，他们成为问题的解决者。

在户外游戏场所布置可活动的道具

每个人的童年记忆中另一个重要的内容是与利用各种活动道具进行搭建有关。我们都知道，道具的搬动需要人手，而且有时是在玻璃上搬动，有时在沙面上搬动，有时是在水泥地面上搬动。后来，我们逐渐收集了一些大块的浮木当作道具。孩子把这些浮木拖来拖去。当遇到较重的浮木时，他们还经常找其他小伙伴帮忙："我们搬不动，快来帮助我们吧。"此情此景，让我们很欣慰。孩子有了自己的计划和安排。最终，那块沉重的浮木被搬来搬去，有时被搬到草地上，有时被搬到沙坑里。

我觉得，迄今为止，在户外活动的各种游戏道具中，最重要的是石头。我们从未想过石头对于孩子的户外游戏那么重要。基于孩童记忆，我们知道，在修筑堤坝、构建堡垒时，石头往往不可或缺；在开篝火晚会或在街上设置路障时，也免不了用到石头。石头镶嵌在每个人孩童时代的记忆中。因此，我们决定找些石头让孩子搬运，让他们用石头开展建构游戏。这些石头既要大到他们不能拿起来扔，又要重到他们需要花费一定的力气去搬。石头在游戏场上被搬来搬去，只不过不能让孩子爬到上面，否则如果从石头上掉下来会受伤。

之所以选择石头，是因为当孩子搬动沉重的物体时，他们能感受到自己的力量——这是我们的核心教育理念。为了创设更多的机会让孩子感受自己的力量，我们还将小山包修成三级的丘陵状，这样，孩子到了小山顶，就能感受到自己比下面的成人还要高。当他们在高处居高临下、俯瞰四周环境时，心里会有一种充满力量的感觉。同样，我们只是简单地在户外种植各种形状各异、大小不同的灌木丛，就为孩子创造了玩各种游戏的机会。他们可以玩躲猫猫的游戏，或玩绕圈跑的游戏，孩子可以兴致勃勃地玩上几个小时。我们将一些灌木种在靠篱笆很近的地方，这样就为孩子在篱笆墙里游玩创设了隐私空间。不过，在灌木丛中，我们还是剪了一些小窗口。这样，成人能看到篱笆墙里面发生的事情，但又让孩子感受到独立，这是激发他们自信心的重要手段。

时至今日，有关户外游戏场所设计的理念促使我们去设置一个专门的岗位，有专人来从事这项工作。负责这个工作的教师需要有存储户外活动设施的地方。她在设计户外活动课程时，必须与负责室内教育活动的教师保持同步。她需要将新道具摆放好，让孩子探索和发现。她要关注户外游戏的活动过程。她还要为孩子在游戏过程中临时表现出来的兴趣和技能做好准备。当负责室内教育活动的教师带领孩子到户外参加活动时，她要告诉带队老师要注意的户外活动要求以及如何遵循这些要求，以便有效监管参与户外活动的孩子。在户外活动中，她是主班教师，负责室内教育活动的教师与各教师互相配合，将户外游戏活动的设想落到实处。我们也意识到，如果当初没有拓宽思路，竭力把我们的梦想变成课程，那么设置这么一个专职负责户外活动的教师岗位，也是不可能的事情。

上述有关户外游戏场地的故事为教师和孩子拓展了视野。单调、害怕和无助之感，会使我们丧失活力。我们要想方设法打破无助之感——一种觉得事态已变，而我们无能为力的感觉。我们很容易陷于现实中，往往"头痛医头、脚痛医脚"地寻求短期解决方案，但却未考虑其可能产生的长期影响。我们所在幼儿园今天的决定是否有助于实现孩子的价值？我们的决定是否有助于培养孩子成为有能力的人，抑或压制了他们的能力，而只不过让成人感到简单、便利？

幼儿园中游戏场所的设计源泉来自人们的远见和想法。这种远见和想法不仅仅是对某一个项目的支持。一个项目是远见和想法的具体表现。远见和想法是每个人头脑中孕育的梦想，人们最终将其转化为具体行动。

2010 年后记：回顾与展望

自从我们启动户外游戏场地设计与实施项目至今，已经过去十余年。时至今日，现状怎样呢？我头脑中有许多需要思考的问题，大多数答案或许在"篱笆墙"之外寻找，需要探求更灵活的解决方案。我逐渐意识到，对于怎样计划和实施孩子的一日生活，其实有不同的理解水平。

表面来看，要打理好环境，我们每天都有许多"待完成的事情"。户外游戏场地每天物尽其用，但也需好好维护。我们每天都花很多时间在"待完成的事情"上，如设施的维护与管理、活动日程的协调。曾经，一场大风暴把我们喜爱的攀爬树连根拔起。此外在一个暑假，幼儿园旁边的建筑工地把我们的洒水系统弄坏了，致使很多植物枯死。我知道，生活不会停滞不前，也非我们所能控制。如果我们珍视环境，就要学会与之共存，细心地照料它。其实，无论维护哪种关系，这都是必需的。我们要好好培养这种关系。我们用心营造和细心维护户外游戏场地。在这个过程中，每个人都在尽一分自己的力量。除了安排每个季度的户外课程外，每年春季，我们还会特别安排一次服务日，家长、老师带着孩子一起清扫和修整户外场所。当大家一起制订计划、做事时，我们心里荡漾着自豪感，也密切了彼此之间的关系。我们成为环境的守护者，孩子的参与也不可或缺。然而，对孩子一日生活的认识，我们不能只是局限于这种表面的水平。

　　从深层的角度思考，我扪心自问，在户外环境创设方面，怎样才能做到内外兼修？换言之，如何创设一种充满精神的环境，体现我们的全情投入，体现教师、孩子及家庭之间的密切联系？我深知，要做到这一点，不能仅仅基于标准或结果，抑或调查与游戏的狭窄角度。孩子在教育活动中需要扮演有意义的角色。我们不能把孩子视如"空瓶子"，而一味试图"填塞"。在孩子的学习过程中，我们要与孩子建立伙伴关系。孩子的学习是互动的过程，正如我们与自然的互动以及我们彼此间的互动一样。只有通过对这种关系的体验，才能引发我们的热情，激发我们的创造性，使我们萌发学习的渴望，发掘我们与生俱来的才华。

　　我曾有幸参加了世界户外自然教育论坛，来自 26 个国家的早期教育工作者、园林设计师和社区规划者欢聚一堂，一起研讨"儿童与自然的疏离"这一共同问题。我们一起审视各国为规划儿童生活和活动场所而作出的努力。通过会议，我感受到，世界各地的人们已经意识到，动物园里的动物之所以出现许多怪异的行为，是动物园不适合的环境所致。为此，人们开始为这些动物的繁衍生息创设自然的生活环境。我们尚且意识到自然环境对动物的重要性，为什么却认识不到孩子对自然环境的渴望呢？

　　我们目前的状况怎样？我们正准备踏上另一段征程。从 2010 年秋季开始，我们启动了修建一座新楼房的项目。该项目分三个阶段进行。新楼房的室内和室外是连通的，我们一直想实现这种概念，我们更热衷于将自然世界带入"围墙"之内。

　　具体而言，除大客厅以外，我们计划有一个厨房，并开设一个舞台让孩子表演自己创编的游戏，还会修一个大壁炉，通过它将亲子阅读室和大客厅隔开。在两个房间的壁炉旁，会用一棵去了皮但带着树枝的大树装饰，这样使得两个房间虽隔开，但依然连通。我们准备将石头从室外搬进室内。室内不同区域的隔离墙也变成有生命的，墙上种了植物，门框边则垂着柳条。我希望是这样。

　　我们正在修建一个多功能室，它既可以是工作室，但也具有温室的功能。多功能室有开阔的地面和屋顶，孩子可以站在干枯的河床上，这些河床沿着小山丘修建下来（小山丘由石头构成）。雨水顺着河床流下，汇成小溪。孩子们可以站在小溪上，看着溪流从脚下流过。我们还将添置一个手动水泵，让孩子在夏天时玩，此外准备购置一些盛雨水的大圆桶。另外，我们计划修建一个花园迷宫，不仅有雕塑，还有迷人的林区。而学步儿的三轮车车道计划修建在菜园区。

我们还有一些其他的想法。除了游戏之外，我们对于生活区也很感兴趣，尽量减少不同年龄段活动区之间的栅栏（如果的确有必要加上栅栏，我们准备将链式的栅栏去掉，代之以加工、装饰过的铁艺枝条）。在参加世界户外自然教育论坛时，代表们建议，社区在规划生活场所时，将幼儿园安排在社区的边缘地带。在游戏场所的基础上，我们还可以修建公园和学校。我曾经关注"围墙"之外的事物，但现在的重点在于改变我们的游乐场所。我们的家庭和一些教师也发生了转变。但是，我们知道，我们继承了前人的热忱和他们打下的基础，承载着在园孩子及其家庭的责任。我们也意识到，我们终有一天要把幼儿园交给后续者继续发展。我们是幼儿园学习环境的守护者。我们认为，评价表和测量都有必要，但是学习和生活的意义更为深远。我希望，幼儿园的户外游戏场会不断改进，给孩子更丰富的感官体验，让孩子在游戏、生活中体会接触自然世界时的责任感，培养主人翁精神。

思考与分析

参考以下问题，将自己对劳丽在以儿童为中心的环境创设过程的反思写下来，可以给劳丽发邮件（LCorneliusReflect@gmail.com）。

- 劳丽对幼儿与环境的见解、理念和价值观，对她的环境设计有何影响？
- 劳丽如何向她的同事、赞助人和社区的其他人士推介她的看法和价值观？
- 劳丽所创设的环境中，有哪些具体的要素反映了幼儿的生活和兴趣？

实践运用 1

评价幼儿园的环境、行为准则与日常规范

环境布置

1. 各种操作材料都在可见的视线范围内，幼儿触手可得，排列有序，并且吸引人。

　　◇ 已经做到的：

_____

_____

　　◇ 目标：

_____

2. 各种材料组件（可拆装材料）在室内外都容易得到。

　　◇ 已经做到的：

_____

_____

　　◇ 目标：

_____

3. 为幼儿提供多种自然物质，材质和形状多样，有助于激励幼儿探索与发现的愿望。

　　◇ 已经做到的：

_____

_____

　　◇ 目标：

_____

4. 为幼儿提供运送、组合及改变材料的机会。

◇ 已经做到的：

_____

◇ 目标：

_____

5. 为幼儿提供反映不同角色和文化习俗的图片，帮助幼儿接纳文化的 ⟨67⟩
差异。

◇ 已经做到的：

_____

◇ 目标：

_____

6. 在教室四周展示体现幼儿兴趣和日常生活的照片、图片或物品。

◇ 已经做到的：

_____

◇ 目标：

_____

7. 当很多幼儿同时来到同一活动区时，活动区的空间能灵活调整。

◇ 已经做到的：

_____

◇ 目标：

_____

8. 尽量减少对幼儿进出不同活动区的限制。 ⟨68⟩

◇ 已经做到的：

_____

◇ 目标：

_____

9. 有让幼儿进行体育活动和展示力量的场所。

◇ 已经做到的：

_____

◇ 目标：

_____

10. 为幼儿提供探险的机会。

◇ 已经做到的：

_____

◇ 目标：

_____

69

一日常规

1. 幼儿每天都有许多自主游戏的时间。

◇ 已经做到的：

_____

◇ 目标：

_____

2. 尽量减少成人工作安排对幼儿游戏的干扰。

◇ 已经做到的：

_____

◇ 目标：

_____

3. 在场地和常规安排方面有一定的灵活性，及时回应幼儿的兴趣。

◇ 已经做到的：

_____

_____

◇ 目标：

_____

4. 当幼儿要从一个活动区转移到另一个活动区时，不一定要求幼儿收拾当前区域的物品。 70

◇ 已经做到的：

_____

_____

◇ 目标：

_____

5. 将游戏的主题融合在整理环节和集体活动中。

◇ 已经做到的：

_____

_____

◇ 目标：

_____

6. 尽量淡化过渡环节和游戏的区别。

◇ 已经做到的：

_____

_____

◇ 目标：

_____

7. 幼儿在教师的指点下，协商制订活动顺序，而不总是由教师规定时间。 71

◇ 已经做到的：

_____

◇ 目标：

实践运用 2

对当前环境的反思与记录

审视一下你与同事确定的教育目标，着手制订实现这些目标的计划。

1. 你的重点是什么？把这些重点列出来，作为接下来要做的事情。

2. 从哪里可以得到你所需要的资源和支持（如同事、家长和社区）？

第三章

指导儿童的游戏与学习

(73)

自我反思

在幼儿园的一日生活中，我们总能看到幼儿三五成群地参加各种活动。他们精力充沛，思维敏捷。在这一活跃的环境氛围中，教师既要兼顾每名幼儿的个别需求与兴趣，又必须确保幼儿群体活动的井然有序。

作为一名幼儿园教师，怎样在顾及幼儿个体需求与兴趣的同时，有效指导群体的活动呢？以下一所幼儿园的情境具有一定的代表性，让我们一起阅读思考。

在一个幼儿园的班级中，晨间活动即将结束，教师珍妮特（Janet）提醒孩子，游戏时间到了，要求他们收拾玩具准备去户外活动。几分钟后，大部分孩子开始收拾玩具，整理自己的物品。但是，有两个4岁的男孩，分别是怀亚特（Wyatt）和蔡斯（Chase），他们丝毫不理会教师的提示，继续坐在阁楼上看书。他们说着、笑着，快乐无比。珍妮特又轻声提醒了几次，但他们依然充耳不闻。最后，她只好用严肃的语气命令他们马上下来。怀亚特和蔡斯则站了起来，大叫："不，不，我们不会下去的。你不能强迫我们，你又不是我们的老板。"

(74)

如果你是珍妮特，你会怎样处理？

☐ 严肃应对，走上阁楼，亲自带他们下来。

☐ 警告他们，如果不下来的话就暂停或者取消他们户外游戏的资格。

☐ 承诺他们，如果能够合作并自行走下阁楼，就给予他们奖励。

☐ 忽视他们，与其他孩子一起离开，给他们自我平静的时间。

☐ 其他：_____

有关游戏与学习指导策略的问题

与幼儿互动具有很强的挑战性，因为幼儿喜欢按照自身的节奏和兴趣行事，难以很好地遵守既定规则和计划。换句话说，幼儿正在学习如何管理自我行为以及与他人交往，所以冲突在所难免，因此需要教师给予他们足够的时间、关心和耐心。

常用的指导方法为教师提供了基本策略和技巧，使得教师得以借此帮助幼儿遵守常规，学会参与集体游戏，学习必要的社会交往技能。教师从多种不同渠道学习班级管理与幼儿行为管理的策略，如冲突解决、转移注意、暂时隔离（time-out）、行为核对表及奖励贴纸等。这些方法可以"立竿见影"地规范幼儿的行为，但如果机械运用，则只能"治标"而不能"治本"。

游戏与学习指导的目标

除了规范幼儿的行为表现，教师对幼儿的游戏与学习指导还有更为重要的目标。这些目标以儿童为中心，有助于幼儿发展以下能力。

- 了解规则与常规的作用和意义。
- 认同自己是集体中有能力、有价值的成员。
- 了解自己，学会表达自己的感受与想法（自我调节）。
- 自发组织活动，并能在较长的一段时间内专注于自己的游戏与学习。
- 理解合作的价值，掌握与人合作的技巧。

相对于只是通过指导策略去规范幼儿的行为，帮助幼儿达成上述目标更为不易。这需要教师明白，当教师在与幼儿相处的过程中感受到挑战时，其

实也是实现上述目标的重要机遇。在幼儿学习自律和社交的漫长道路上，每一次的成功或失败，都是前进的一小步。仔细想想就会发现，其实每个人毕生都在朝着这些目标不断努力。所以，真正让幼儿学会自制、自主与合作，教师就必须把幼儿的发展规律渗透到幼儿的一日生活中，这样在出现冲突情境时，教师才能通过良好的师幼互动来解决问题。

确保为儿童提供充足的游戏和学习时间

还记得你在孩提时代最美好的时光吗？你的童年生活是无忧无虑，还是按部就班？也许你的童年犹如鲜花绽放，可自由自在地到户外探险、随心所欲地唱唱跳跳，成人极少干预。或许你还记得，你有幸在一段很长的时间里得到"高人"指点，让你有机会了解真实世界的各种生活技巧。但是，也许一些人也有过不愉快的经历：每日百无聊赖，静静地坐着苦度时光，抑或时常要排队，或者总被催促、打扰和受惩罚，过着"唯命是从"的日子。

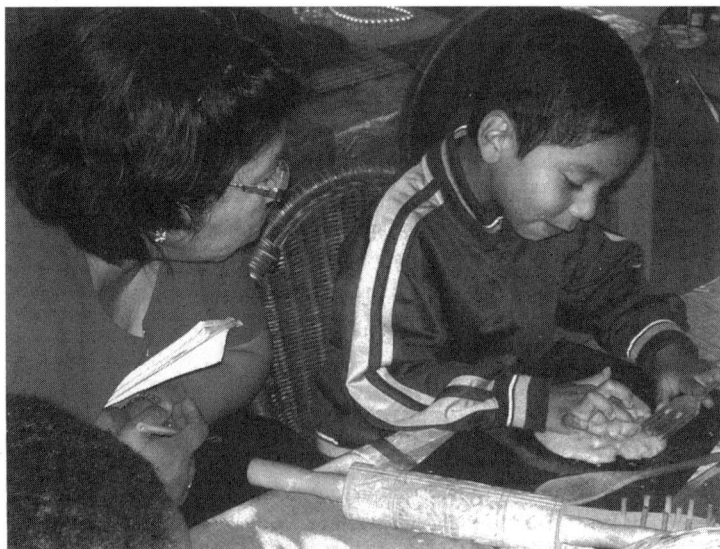

　　在建构以儿童为中心的课程中，制定幼儿作息时间表是许多教师都会遇到的障碍之一。欲让幼儿的一日生活有条不紊，就需要明确的常规细则和作息时间安排，如果每日生活有章可循，幼儿亦能从中受益。然而，要让幼儿获得丰富的生活经验，其根基还在于让幼儿有开放、不受打扰的时间安排，既要完成各项活动，又要避免时间支离破碎，更要避免被催促。为此，教师应该怎样做？

设计以儿童为中心的日程表

　　以儿童为中心的日程表并不是完全的放任自流，更不是让幼儿想做什么就做什么。恰恰相反，教师在幼儿日常生活的各个方面都发挥积极的作用，为幼儿提供自由选择的时间和机会，使其参与或主导教师组织的各种活动。以儿童为中心的日程表应该具备以下特点。

　　◁ 一日生活和常规活动，每天都按同样的顺序安排，只不过每项常规安排的时间根据幼儿当天的活动节律和兴趣适当调整。

　　◁ 在教师精心创设的环境中，每天给幼儿大量的时间进行自主游戏活动（研究表明，幼儿只有当专心致志从事一项自主游戏30分钟以上，才会出现复杂游戏）。

　　◁ 避免在幼儿转换活动区域前匆匆收拾玩具，借此帮助幼儿学会保持注意力。

　　◁ 在幼儿自主游戏过程中，教师适当调整环境布置，以维持游戏的秩序，帮助幼儿保持注意力。

　　◁ 教师指导幼儿通过协商轮流开展游戏，而不是通过严苛的时间规定来限制。

　　◁ 在一日生活中，教师让幼儿有机会参与到各种游戏中。幼儿通过游戏材料和彼此之间的积极互动，全身心参与活动。

　　◁ 教师主导的活动要求幼儿静坐、等待和聆听，这种活动严重挫伤幼儿的积极参与性，应尽量减少。

表3-1　弹性日程表范例（sample flexible daily schedule）

7:00~9:00	入园、阅读、早餐、自由活动
9:00~9:20	集体活动、讲故事、唱歌、分享活动、制订计划
9:20~11:45	区域活动、主题活动、室内活动及充足的室外活动
11:45~12:15	盥洗、准备午餐

为了创设和谐的环境氛围并满足幼儿的个别需求，教师需要根据幼儿的发展规律，而不是时间来制定日程表。

权力在谁手上？

教师掌管着幼儿的一切，包括他们的时间安排和生活常规。相对于幼儿来说，教师身高体壮，经验丰富，能说会道，多才多艺。无论是灯光还是幼儿的食物、玩具和活动安排，都由教师决定。教师决定着什么值得关注，如何回应幼儿。当然，为了平衡集体活动和对个别幼儿指导，教师有时也会感到烦恼，也会因家长的关注、管理者的期望或者为达到某个学习标准而感到有压力。教师肩负着来自四面八方的期望和要求，难免会感到力不从心。

但事实上，最重要的是教师有权随时与幼儿互动，而与幼儿的互动方式深刻影响着幼儿的日常生活以及自身的工作乐趣。

拉丁语中"权力"一词的词根译为"能够"（to be able），"有权力"就意味着"能够与众不同，创造积极价值"。所以，教师的目标应该是让自己和幼儿都具有创造能力，形成良好的自我价值感。教师可以运用自己的权力促进幼儿能力以及自尊的发展。但需要注意的是，若是权力使用不当，也容易让幼儿倍感压抑，损害其独立自主这一天性的发展。因此，教师需要不断反思与讨论，满足幼儿的发展需求。

1983年，伊丽莎白·琼斯和夏娃·特鲁克（Eve Trook）对成人在教育幼儿过程中的权力使用方法进行了分类。教师了解各种不同的权力类型，有助于认识在师幼互动过程中最佳的权力使用方法。

分类1：直接介入

成人通过直接介入（power on），防止或制止幼儿从事自己喜欢的活动。这种方式通常会压制幼儿，让幼儿觉得无能为力，这显然不利于培养幼儿的自我价值感。但是当幼儿的行为可能导致如下结果时，教师必须采取直接介入的方式。

- ◁ 幼儿的行为伤害自己。
- ◁ 幼儿的行为伤害他人。
- ◁ 幼儿的行为损坏物品或者财物。

表面上看，当涉及安全问题和规则要求时，教师较容易选择直接介入的权力方式。如当一名幼儿的行为将要伤害自己、他人或者损坏物品时，教师就必须直接介入，立刻阻止。同时，教师也需要明白，幼儿是在适当的探索中获得自尊及自我效能感的发展。所以，教师不能只是机械应对，而应充分思考什么时候适合直接介入以及具体如何使用。

下列两则情境中的教师都涉及直接介入。仔细阅读并分析两位教师的行为。为什么一位教师采用的方法有助于幼儿发展，另外一位教师采用同样的方法则有损于幼儿自我价值感的发展？

2 岁的阿里尔（Ariel）正试着爬上他前面的高脚椅。在他就要够着椅子上的托盘时，椅子快要倒了。教师库米什（Kumisha）见状马上跑了过去，在椅子倒下的一刹那，抓住了他的手臂，把他抱了起来。阿里尔惊叫一声，哭了起来。接着，库米什轻声地说道："阿里尔，你这几天总是在这里爬椅子，但是你看，椅子这次倒下了吧。刚刚如果不是我抓住了你，你就会摔倒受伤的。如果我刚才吓到你的话，真是对不起。"

4 岁的吉玛（Gemma）从操场跑进来，兴奋地告诉教师，他在沙坑里挖了一个很深的洞。教师摩根（Morgan）立即拉着他的手把他带到外面，并且严厉地对他说："吉玛，你知道我们是不能跑着进教室的，这样很危险。现在是户外活动时间，你应该待在外面，让老师找得到你。"吉玛想要辩论什么，摩根接着又说："我不想听任何辩解，你应该遵守规则，否则就要对你'暂时隔离'了。"

分类 2：间接指导

教师采用间接指导（power for）的方式，为幼儿提供辅导和支持，促进幼儿各方面能力的发展。教学之所以成为一种艺术和科学，并非是因为有各种教学策略或技巧，而是因为这种间接指导方法。对教师来说，与其变身为"幼儿保镖"，总是挺身而出保护幼儿或帮助幼儿解决各种问题，还不如发挥自身的优势、智慧和才能，帮助幼儿提高理解能力和其他各种能力。在此过程中，教师要不断思考何时介入幼儿活动并提供支持，何时让幼儿自行解决问题。

　　阅读下面两则教师间接指导的案例，分析教师直接介入与间接指导的不同之处，谈谈幼儿对两种不同方法的指导会有怎样的不同体验？

　　2 岁的谢伊（Shay）想脱掉毛衣，教师埃里克（Eric）鼓励她自己脱。谢伊脱到一半时，毛衣卡在了头上脱不下来，她拼命地拉扯。埃里克边看着边鼓励她："加油，谢伊，马上就可以脱下来了。"她又挣扎了好长一段时间，还是没有脱下来。于是，埃里克跟她说："我帮你把袖子拉着，这样你就有更多的回旋空间。"教师这样一个小小的动作帮助谢伊成功地自己脱掉了毛衣。埃里克对谢伊说："谢伊，你看，只要努力，你就一定可以做到。"谢伊很自豪地微笑着。

　　4 岁的拉斐尔（Rafael）尝试着用积木搭建一架高而窄的塔楼。塔楼已经倒塌过很多次了，原因在于堆叠的积木没有中心对齐，不平衡。第五次尝试失败后，拉斐尔怨声怨气地对教师说："我搭不起来。"教师迈克

（Michele）说："我看你一直很努力地在搭建，我示范一下你刚才是怎么搭的。你在堆积木的时候，一些积木的边缘没有对齐。那么，你搭建得越高，就越容易倒下来。"教师边说着边演示了他的搭建方式，于是积木就滚了下来。接着，他又说："让我告诉你应该怎么搭吧！如果你把每块堆叠上去的积木边缘都对齐，就能保持平衡，塔楼就能搭建起来。"拉斐尔按照迈克的指导方法开始搭建。这一次，他成功了。只见他得意洋洋地欢呼："我成功啦！"

分类3：共同参与

共同参与（power with）是指教师与幼儿共同活动，一起分享，互相交流，而不是教师指导幼儿开展游戏或活动。许多教师在参与幼儿游戏、和幼儿一起游戏的过程中感到十分快乐。对于幼儿来说，这也是一个很有趣而且能让他们感受到自己力量的体验。幼儿成了教师的同伴，通过交流想法、共同活动分享彼此的权力。除此之外，在与教师游戏的过程中，幼儿也习得必要的社会交往技能。但是教师必须学会控制自己，以防幼儿在玩游戏中失去自制力，下意识地掌控游戏局面，让教师参与的游戏蜕变成教师直接介入的游戏。

下面的案例是幼儿与教师共同参与的游戏情境。

教师亚历西斯（Alexis）与一群3岁的孩子在操场的划艇上玩。教师问："我们这是要去哪儿？"孩子异口同声地回答："去月球。""好，我们立刻出发。""哇！我看见星星都围绕着我，好漂亮啊！"亚历西斯非常惊奇地说。一个孩子接着说："我看见云朵了。""我看见太空了。"另一个孩子接着说道。这一游戏在教师与孩子分享他们一路飞往月球的想象中继续着。

关注儿童的挑战性行为

阅读下面的幼儿园常见问题情境。思考一下，如果你是教师，你会怎样应对？

   ✍ 4 岁的布丽安娜（Brianna）和尼科尔（Nicole）在娃娃家专注地玩了一上午。这时，伊莉丝（Elise）走过来想加入。但是布丽安娜和尼科尔告诉他："你不能进来，我们已经有妈妈和孩子了，你不是我们的朋友，你走吧！"

   ✍ 3 岁的乔希（Josh）和伊莱（Eli）在沙池里玩。他们用沙铲相互泼着沙子，玩得异常开心。

   ✍ 詹姆士（James）很不情愿地结束了户外活动。进入教室后，他不停地在各个区域穿梭，故意翻倒椅子，把玩具从架子上敲打下来。

   ✍ 2 岁的塔文（Tavon）抢走了 1 岁半的凯莱布（Caleb）的皮球。于是，凯莱布开始哭喊，塔文接着又咬了他。

   ✍ 教师无数次告诫那群 4 岁的孩子不要去爬树，但是每次去看，都看见他们正坐在高高的树枝上。

   ✍ 11 个月大的塞丽娜（Serena）把盛着燕麦粥的碗从桌上扔到了地下。看见粥溅得四处都是，她却很开心地笑了。

有效的行为管理策略

幼儿正处于自主探索和学习新的社会交往技能的重要阶段。在教师看来，他们时常用不良的行为方式来学习自我调节及与他人交往的技能。但是当幼儿的行为可能妨碍、伤害或威胁到他人或自己时，教师应该怎样坚持以儿童为中心呢？在这些情境下，教师的责任在于有目的地为幼儿提供支持，表示理解。下面列出一些指导策略，帮助教师更从容地应对每天出现的各种大小问题。

了解自身情绪的"敏感点"

教师的教育背景、价值观以及生活经历深刻影响着其处理幼儿不良行为的方式和方法。明确幼儿的哪些行为和情境会让自己动怒，有利于教师调节其应对幼儿不良行为的方式。教师自身在幼年时经历的事情以及其他成人对这些事情的处理方式，会成为教师自身情绪智能的一部分。所以，如果教师反思自己幼年的经历，就会逐渐意识到，自己在问题情境中的"气急败坏"可能是缘于其他原因，而并不是幼儿的行为本身。

了解自己，可以让教师在与幼儿的互动中更为深思熟虑，而不只是一味地随性而定。因为只有这样，才可以将自己的经历和感受与幼儿的行为区分开，擘肌分理地沉着应对问题情境。请重温前述的问题情境，设身处地地思考下列问题，通过自我反思，帮助自己了解在这些情境中的反应，找到自身情绪的"敏感点"。

　　◁ 我怎样应对这一情况，会立即采取怎样的行动？

　　◁ 在我的童年经历中，哪一种行为的处理方式影响了我对不良行为的看法？

　　◁ 我的人生观和价值观对这一问题情境的处理具有怎样的影响？为什么会有如此影响？

教师的自我意识越强，应对的目的性越强，越能从幼儿角度确定自己在处理问题时的言行。

分析幼儿的不同视角

教师只有坚信幼儿具有学习的能力，才会花时间帮助幼儿充分发挥其潜能。

教师的儿童观是其应对幼儿不良行为的基础。如果认为幼儿具备行事能力，并坚持他们的行为具有正当目的，教师就应该给予尊重，用耐心指导作为回应。如果断定幼儿顽劣而且缺乏自制力，教师可能很少给予他们自己解决问题的机会。所以，教师可以尝试着改变自己的儿童观，这样，在问题情境发生时，心中便会有一种如同瑞吉欧教育家所说的"刻骨铭心的儿童身影"。

下面是面对幼儿的同一行为，不同教师采取的不同观点。

表 3-2　不同观点比较

消极观点	积极观点
幼儿缺乏安全意识。	幼儿是充满活力的探索者、孜孜不倦的实验者、专心致志的科学家。
幼儿缺乏耐心。	幼儿乐于从自己的经验及与他人的交往中学习。
幼儿多动。	幼儿学着控制自己，照顾自己、他人以及周围事物。
幼儿喜怒无常。	幼儿逐渐从依赖变得独立。

关注幼儿的想法与需要，而不是行为

　　帮助教师改变儿童观，首先要改变教师只关注幼儿行为的观念，在与幼儿的交往中深入了解他们的能力和经验。当开始站在幼儿的立场上考虑问题时，教师采用的教育方式也就会顾及幼儿的想法和感受。请重温前述所列出的各种幼儿具有的挑战行为，尝试从幼儿的想法和感受的角度出发，回答下列问题。

　　◁ 在这一情境中，幼儿具有怎样的想法？他在尝试着做什么？

　　◁ 幼儿的每一种行为中蕴含着幼儿怎样的感受？怎样才能设身处地地从幼儿的角度看问题？在考虑幼儿的感受时，是什么触动了我的心扉？

　　◁ 透过幼儿的行为，哪些方面表明幼儿知道怎样表达自己的想法、感受和达成行动目的？

　　◁ 在我的生活中，有哪些事情可以和这一情境联系起来？

满足儿童的交往渴求

　　学会交朋友以及与他人交往是幼儿教育的重要目标。在现实社会中，幼儿必须在满足自身需求的同时，学会与他人交流、协商和合作，这也是社会的根基所在。幼儿在努力建构人际关系的过程中，既获得满足感，同时也会遇到许多困难。

只有在与他人的交往中，幼儿才能茁壮成长。从出生那刻起，个体就具有互帮互助的天性。然而在多数情形下，教师习惯于把工作重点放在幼儿与他人交往还不具备的能力上。所以，教师总是尽可能多地学习各种冲突解决策略，忙于预防幼儿出现问题，忙于在幼儿出现问题后代替幼儿解决问题。

但是，如果我们所持的儿童观认为幼儿已经具有社会交往能力，教师的角色只是唤起其先天的力量，那么在工作中，你就会发现幼儿具有帮助和安慰他人的超强能力，而他们本身也可以从与他人建立的友谊中获得认可和发展。所以，我们如果不是以消极的态度看待幼儿彼此间的冲突，那么就要认识到，即使是最严重的不良行为，其中也蕴含了幼儿对与他人交往的渴望，彰显了幼儿对同伴的话语、观点以及行为的天生好奇。

(87)

教师如果能深刻地意识到幼儿的交往能力和渴望，就会对幼儿提供相应的帮助和指导，使他们成为最好的自己。要转变教师的观点，把幼儿的不良行为看作在努力与他人交往，并非易事，尤其是当教师面对一群幼儿，要与

他们协商每日的生活安排时更是困难。尝试运用下列原则，通过不断练习，从中感受幼儿对人际交往的渴望。

关注并促进幼儿的积极交往

幼儿有时会表现出积极的交往行为。关注这一点，能使我们更深刻地认识幼儿移情的能力、善良的禀性以及乐于助人的态度。教师持有这种儿童观，就会耐心帮助幼儿通过协商解决问题，提高他们的合作能力。思考以下问题，能帮助教师在观察幼儿的过程中关注幼儿的积极交往行为。

- 幼儿的哪些具体行为和言语表明他们正在相互交流并建立彼此的友谊？
- 在游戏中，幼儿怎样借助物品或玩具交流他们的观点？
- 幼儿运用了什么行为和言语成功地解决了分歧和冲突？

鼓励幼儿分享自己的观点并提高能力

教师在观察幼儿能力的同时，也应该鼓励幼儿展示自己的所知所能。对幼儿来说，通过分享和教导他人，他们可以感受到自己是群体中重要、有价值的一员。同时，他们还会把同伴看作学习对象，逐渐理解合作的价值。

强化幼儿的积极社会交往行为

教师可以采用故事分享或者自制图书的形式，让幼儿展示自己的积极社会交往行为以及正确的问题解决方式。故事和图书既可以包括体现幼儿在交往时强烈的情感冲突的文字和图片，也可以包括幼儿友好相处并成功建立友谊的文字或图片描述。教师与幼儿一起阅读这些书籍，有助于强化他们已经习得的有效合作方法，还可以指导他们在交往过程中更多地运用这些有效方法。

关注发展的循环效应

从事教师职业后，你会逐渐认识到，正是幼儿的许多生活"探险"让教师动怒，让集体乱序。但是，你的职责不是"修理"他们，而是帮他们建立良好的人际关系，使他们认识到自己是群体中重要、有价值的成员。其实教师也一样，在工作中遇到问题时，也需要寻求帮助。对幼儿来说，教师能够给予他们的最好礼物，就是理解其表现出的不良行为的真正意图是渴求与他人交往。

　　谈到循环效应，丽莲·凯兹（1986）指出，对于幼儿在社会交往中出现的不良行为，成人和其他幼儿都对此表现出负面态度，这会进一步激起幼儿更多的不良行为，而幼儿更多的不良行为又会使成人和其他幼儿给予更多的消极回应。这一循环如此往复，就会造成幼儿的自我否定，也强化了其不良行为。基于凯兹的发现，我们需要思考在打破幼儿发展这一"怪圈"中，教师具有怎样的责任和力量？

　　打破这一恶性循环的关键在于改变教师对幼儿不良行为的看法。如果教师站在幼儿的立场上，理解幼儿不良行为的真正欲求是渴望与人交往，那么就不会感到失望，相反会耐心地、竭尽所能地帮助幼儿建立良好的人际关系。这是教师最重要、最有价值的工作。

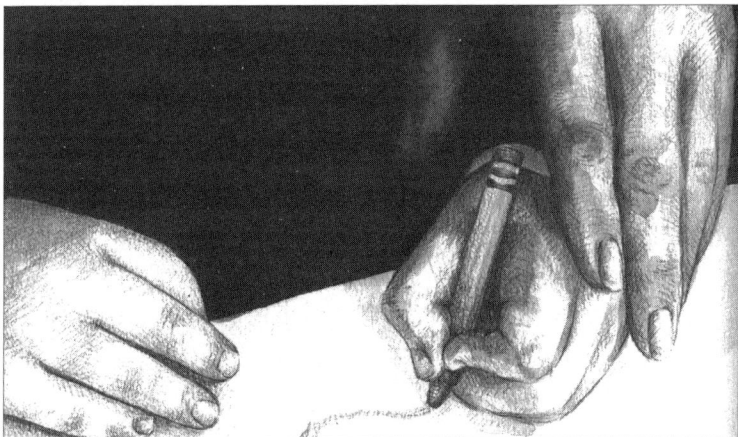

案例分享

阅读下面的案例，分析教师培训者克里斯蒂娜·亚伯在与幼儿交往的过程中怎样运用权力？她对幼儿有什么看法？她与切尔西（Chelsea）的老师交流时的方法和她希望教师用来指导切尔西的方法有何相似之处？

切尔西的老师

（讲述人：克里斯蒂娜·亚伯，教师培训者）

一个炎热的夏日，我比平时早一些到达幼儿园。我眯眼望向教室，发现只有教师和三个孩子到班。孩子们冲过来叫着："克里斯蒂娜老师！"我朝教师笑了笑，并抱了抱每一个孩子。

"只来了 3 个孩子？"我问道。

"其他孩子很快就到了。"她回答。

我们相互看着对方，似乎在寻找一个谈话的切入点。我记得，在指导教师来我的课堂帮助我提升教学水平时，我也一样忐忑不安。许多年过去了，我依然在锻炼我的倾听能力。所以，我在等待教师向我发起一个对话的暗示。

我们彼此面对面坐在了儿童桌前，孩子在教室里亲密地玩耍。教师边折叠着刚从烘干机里拿出的毛巾，边叹着气说："我觉得我对孩子太有耐心了。"

我好奇地向前倾斜了身子。这是我跟她一起工作四个月以来，她最为深刻的反思。我实在不想错过这次机会。但我还在犹豫到底应该怎样回应，抑或是否应该回应时，外面的门猛地打开了。阳光一下洒进了屋子，几个孩子和他们的母亲相继走了进来。3岁的小女孩切尔西走在最前面，她扎着高高的马尾，每走一步，小辫子就会轻轻跳跃。她穿着白色凉鞋、粉色裤子和粉白相间的花上衣。只见这个超级"小叛逆"突然停下来，笑了一下，然后环视一下教室，就追着正在朝园长办公室走去的妈妈了。

这位"耐心老师"在切尔西身后叫唤，但切尔西没有理她。于是，教师冲出教室，把孩子带了回来，切尔西啼哭着。教师说："暂时隔离。"接着让切尔西坐到墙角边。制伏了切尔西之后，教师又强硬地说："你不能离开教室。"过了几分钟，教师才允许她加入班级活动。在我观察其他孩子游戏时，又听到教师叫道："暂时隔离。"我转过头去看切尔西，只见她低着头又被教师拉到墙角坐着。我发现，这个孩子被拉回教室后，短短的十分钟里就两次坐到了墙角。

正值中午时刻，我跟教师继续我们晨间的谈话。教师把孩子的午睡安顿妥当之后，我们一同坐了下来。此时，离她午休时间还有十五分钟。

我轻声问她："你的意思是说你太有耐心了，是吗？"

她说："刚来这个幼儿园工作的时候，我会给孩子很多自由选择的机会，但是他们都不听话，也不按照我的要求行事。所以，现在我采用了'暂时隔离'这一方法。"

我思索了一下，然后回应道："'暂时隔离'过于严苛了，尤其是你使用得那么频繁。你认为这一方法真的很有效吗？"

她耸了耸肩，没说话。

我看了一眼时间，接着又陈述我的想法："我认为，如果切尔西总是花这么多时间站在墙角的话，她会感觉很糟，并且认定自己是坏孩子。教师的责任在于教导她，而不是管束她。所以我们应该关注她的闪光之处，注意她的积极行为表现，并告诉她我们以她为豪，她也应该为自己感到无比骄傲。"

教师可能还不知道，我之前已听到她对切尔西说，她要去告诉切尔西的妈妈，说她今天不听话，表现得不好。

所以我对教师说："如果每天离园的时候，你都对切尔西妈妈说她今天表现好的方面，哪怕就只有一件事情，你觉得会有怎样的影响？如果你是当着切尔西的面这样说，你觉得这个孩子又会有怎样的感受？"

我在教师眼睛里搜寻着认同之意，停顿了一下，又接着说道："如果现在园长走过来，我对园长说她应该为幼儿园里有这么优秀的教师而感到骄傲，你又会有什么样的感觉？"她的表情顿时明朗了起来。我又继续说："切尔西决心坚定、目标明确，这些坚强的品质无一不有利于她的日后发展。她可能会成为一位企业总裁，这对于我们和她来说都很难想象，但问题的关键就在于我们怎样助她获得这一成功？"

教师和我都转过头去看着切尔西，她的睡姿是那么的优雅。过了一会儿，教师忧虑地说："但是她总是撕碎纸张，把纸张揉成球。"她边演示着胡乱撕揉的动作，边问道："这样我也不要管吗？"

从教师的眼里，我看得出她很在乎孩子的表现。所以，我思索着用什么话语来帮助并指导她。

我建议道："如果这些是切尔西的纸张，你可以这样问她，'真可惜，你把纸都撕碎了。我可以帮助你吗？如果你想弄好它们的话，我可以给你一些胶带粘好它们，或者我们一起把它们理平'。在切尔西改正她这一行为之前，每隔几天就提醒她一次。"

有一天，教师让所有的孩子都坐到桌前学习书写数字。她举着写有数字"9"和画有 9 只小兔子的教学板，指着每一只小兔子，让孩子们跟着齐声数数。然后，除了切尔西和另外两个 3 岁孩子之外，她又给每个孩子分发了一块纸板。分发的纸板上不是小兔子，而是写着数字"1"，画着一个冰激凌。只见切尔西奋力地握着她的蜡笔，没有出声。在看见其他一些孩子可以书写数字后，她丢掉蜡笔，绕过桌子来到我身边，然后紧紧地贴着我。她低着头，咬着嘴唇，好像快要哭了。我问她是不是需要我的帮助，她皱着眉头点了点头说："要。"于是，我就站在她的后面，握着她的手。她的手指很紧绷，但却又很顺从地让我教她握住蜡笔。我引导着她写"1"，边写边说唱"上、下、上、下"。然后，我们一直这样一边写一边唱，直到她能够单独书写。这个时候，其他孩子也跟着唱了起来。

切尔西放下蜡笔，为解决了这一难题而高声喝彩道："完成啦！"

在我回想完关于切尔西与数字"1"的故事时，已经差不多到 12 点 15 分了。教师需要确保每个孩子都完成午餐前的准备。我一边帮她照料一个离开垫子去玩乐高玩具的孩子，一边快速运转着脑子。我想找到适当的言语，给教师一些建议，以便于她将来用于改进教学工作。

我说："我们需要经常问自己一个问题，我们怎样才能让孩子有机会思考、解决问题，学会自我控制？如果我们继续让孩子处于被动的地位，那么我们教给了他们什么？他们又能学会什么？在我看来，是你做了所有的决定，那么结果就是像切尔西一样的孩子能做的就只有哭泣。"

她歪着头表示会考虑这些建议。我们看了看对方，又看了看时间，已经 12 点 16 分了。她开始收拾东西，准备打卡下班。

"下次再见。"我对她说。

她对我微微一笑，伴着阳光走了。

我叹了口气，不由得在头脑中浮现出这样的想法："这次还是用'暂时隔离'，下次就该用工作单了。"

思考与分析

可以给克里斯蒂娜发邮件（CAubelReflect@gmail.com），围绕教师应如何引导幼儿行为，谈谈你的看法。建议围绕以下问题展开思考。

- 克里斯蒂娜有怎样的儿童观？儿童观对她指导教师工作具有怎样的影响？
- 教师对切尔西有怎样的看法？与克里斯蒂娜的看法有何不同？
- 如果你是克里斯蒂娜指导的那位教师，你会怎样回应克里斯蒂娜？

实践运用

儿童行为与交往指导策略的反思与记录

通过下列问题，思考本章所提出的有关游戏与学习、行为和交往的指导，在空白处把你的反思记录下来。

1. 你怎样在日程表和常规细则中体现幼儿的发展规律和兴趣？

_____

_____

_____

_____

2. 你较常运用哪种指导方法？你觉得需要做什么改变？

_____

_____

_____

_____

_____

3. 幼儿的哪些不良行为是你情绪中的"敏感点"？面对问题情境，你会怎样来提高自己的理性应对能力？

_____

_____

_____

_____

4. 你怎样看待幼儿的能力与技能？你需要从哪些方面改变自己的儿童观，以便更积极地看待幼儿？

_____

_____

_____

_____

_____

5. 你认为幼儿是否具有合作和解决问题的能力？你将怎样增强自己指导幼儿的能力，促进其社会性的发展？

_____

_____

_____

_____

_____

第四章

回归发展适宜性教育

自我反思

当听到"发展适宜性教育"时，你会想到什么？

你认为入学准备活动和课程计划有助于幼儿的发展吗？你能想象一名幼儿正全神贯注地搭积木，而你却在评论搭积木过程中涉及的数学概念吗？设计课程时，你主要是考虑幼儿的发展特点还是入学准备的需要？

请将你的想法记录在以下空白处。

_____

_____

_____

_____

_____

_____

教师的想法与儿童的兴趣

在关于发展适宜性教育的专业出版物和研讨中，一些教师曾误以为 DAP（developmentally appropriate practice）是一种课程。就其本身而言，

DAP 并不是一种课程，而是一系列教学实践的原则和指南，旨在促进幼儿的有意义学习，确保幼儿的潜能得到最大程度的发挥。DAP 的原则和理念不断被批评、讨论和修订，人们也力求体现最新的研究和经验。除了 DAP 之外，现在出现新的专业术语"发展有效性方式"（developmentally effective approaches）。总体而言，教师运用 DAP 的目的，是结合幼儿所在家庭及社区的文化背景，对幼儿个体的发展和学习作出回应，制订相应的教育计划。

以下列举出罗恩（Ron）和科林（Corrine）两位教师撰写的课程计划。请结合 DAP 的含义，分析哪位教师的课程计划体现了发展适宜性的教育理念？

罗恩的课程计划：每周认识一种颜色

罗恩设计的课程内容是教幼儿认识颜色。他翻阅了各种参考材料，想了解幼儿会喜欢哪种颜色。在九月的每一个星期，罗恩都会教幼儿认识一种颜色。下面是他在九月为认识颜色设计的活动。

- 调好本周要认识的颜色，将其用在画板上作画。
- 用同一种颜色的不同形状材料粘出一幅拼贴艺术画。
- 在作品展示板上给各种颜色贴上标签。
- 做游戏"你能找到带有这种颜色的东西吗"。
- 把游戏中选中的颜色图片放在桌子上。
- 根据幼儿当天所穿衣服的不同颜色，结束分组活动。

科林的课程计划：颜料混合

整个星期，科林都在观察 4 岁的莱娜（Lena），莱娜在美术桌前把颜料倒在容器里搅拌。科林注意到了莱娜的这个兴趣，于是今天做了一些安排让莱娜有一些新的发现。科林只提供了红色和蓝色的颜料。莱娜来到画架前，拿起画笔在纸上画了几笔红色，然后又用蓝色涂写了自己名字中的几个字母。接下来，她又将画笔蘸上红色颜料涂在纸上，惊呼："看，颜色变了！"

科林微笑着说："你把颜色混合在一起，它就变了。"莱娜理解了，开始将红色颜料倒进蓝色颜料中并用画笔搅拌。"科林老师，它现在都是红蓝色了。"莱娜的脸上浮现出了恍然大悟的表情并大声喊起来："看，科林老师，现在它变成紫色了！"

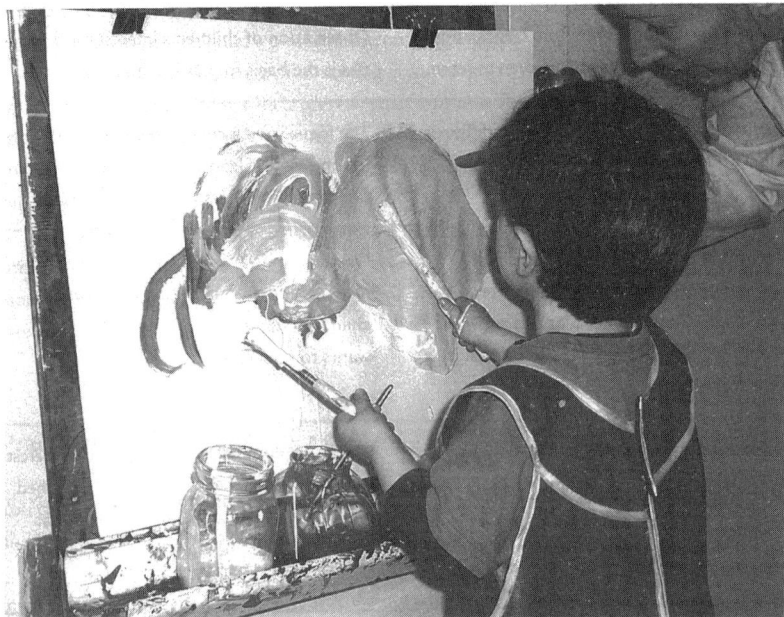

观察是实施发展适宜性教育的关键

比较罗恩和科林的课程，你会了解 DAP 的基础——计划源于对幼儿的细致观察和认真分析，而不是基于活动材料中的某个教案。罗恩的课程是以他自己的想法和思考为中心——以教师为中心。科林的课程集中在莱娜的兴趣上——以儿童为中心。

下面对两种课程进行对比。

表 4-1　两种课程计划比较

罗恩的课程计划	科林的课程计划
课程设计的想法源于书本以及教师想让幼儿学到什么。	课程设计的基础是对幼儿兴趣和活动的观察。
课程的核心是让幼儿认识不同的颜色并学习颜色的名称。	课程着眼于幼儿的发现和探索，引导幼儿对颜色产生兴趣和深层理解。
课程的方向和预期效果由教师预先设定。幼儿在活动中几乎不能理解，甚至对其原因都没有兴趣。	课程的方向由幼儿设置。教师将预期效果集中在幼儿的自主性上，正如幼儿会主动探索他想知道的事情一样。
课程内容包括认识与分辨四种颜色。	课程随着幼儿对混合颜色的兴趣和发现逐渐展开，教师的反应和计划为幼儿获得深层理解提供可能性。

以儿童为中心的课程设计的核心是对幼儿的观察。观察会让教师更多地了解幼儿的发展现状，也有助于教师了解自己还需要掌握哪些新的教育技能。你会因观察幼儿而变得"左右逢源"并富于想象，因此对幼儿更好奇。这也是你热爱这项工作的原因。

建构以儿童为中心的课程的必要技能

成为一名观察者，收集关于幼儿的资料——他们的兴趣、问题、强项和挑战——是建立以儿童为中心的课程的出发点。无论持续的评估、计划，还是对幼儿的回应，观察都是最关键的。

观察既是一门艺术，也是一项技术。观察包括客观、详细的数据收集以及关注幼儿游戏和学习经验的意义及丰富性。

对于观察，最大的挑战是认清自己的观点、偏见并将其过滤，因为这些会妨碍自己对看到的细节进行客观描述。观察时，教师倾向于在收集信息和客观分析前很快地对情境进行解释并得出结论。

生活背景、生活经验、价值观和期望都会影响教师对观察和其他信息的过滤。要使观察更客观，教师必须练习暂缓对看到的行为进行过滤，更要避免急于作出解释。

掌握观察的技术

通过练习，你可以找出描述性观察和解释之间的差异。

找一些照片或一张幼儿与和成人共同参加某项活动的杂志图片。将你在图片中看到的内容快速写下来，列出一份清单列表。阅读列表，在对图片具体描述的词句旁边写下"D"。这些词句通常代表大多数人发现并认同的情境要素。

表 4-2　描述性观察与解释的比较

描述性观察：观察的技巧	解释：观察的艺术
一位成人、一位幼儿、一位婴儿。	一个家庭：一位妈妈和她的两个孩子。
成人将婴儿抱在腿上，低头看着幼儿，面带微笑。	妈妈认为她的小宝贝很可爱。
幼儿站在成人身后，用双手蒙住成人的眼睛。	幼儿嫉妒妈妈对婴儿的关注太多。

描述性观察只记录观察到的事实，这些内容对于甄别教师要做的假设非常重要。解释以观察到的事实的具体细节为基础，而不是基于假设。再次看图表，请着重分析观察者是如何在缺乏足够材料进行解释的情况下就贸然直接得出结论的。

进行观察记录分析的若干问题

对以下问题的思考，有助于提高自己的观察能力。

◁ 我看到了什么，才使自己得出了这样的结论？

◁ 是否有一些微妙的线索（如身体姿势、面部表情、衣着或颜色）影响了自己的思考？

◁ 我的观察描述是否受到自己的经验、背景或者价值观的影响？

观察记录内容不一定是错误的，其实自己也不想忽略它们。事实上，对观察记录的解释才是观察的核心，更是艺术。解释描述性观察内容及其隐含的线索成为设计以儿童为中心的课程的基础。

观察要尽可能客观。观察者要意识到自己可能存在的偏见以及哪些因素会影响到自己的观察记录，进而如何影响教师平时对幼儿资料（信息）的收集。教师作出的反应和制订的计划，都应立足于对幼儿的了解、教育价值观及有关情境的教育目标。

有关解释和制订计划的若干问题

◁ 你具体看到了什么？

◁ 从幼儿的角度，你会如何描述这种经历？

◁ 这名幼儿知道该怎样去做吗？

◁ 这名幼儿发现什么是令他/她沮丧的事情？

◁ 这名幼儿如何看待她/他自己？

◁ 你认为其中什么是最重要的？为什么？

在观察过程中，教师要反复地问："我具体看到了什么？"发现具体细节是观察的关键技能。把你的观察内容记录下来，并适时回顾。当发现自己作出了一个概括时，自己反问："我看到了什么而让我这样说？"利用描述性观察数据支持自己的陈述观点。

例如，观察到"这个孩子生气了"，那就试图去寻找答案——"我究竟看到了什么，让我以为他生气了？"和生气有关的表现可能是"我看到这个孩子皱眉、跺脚，并且大声喊叫"。

在练习观察的初期，教师要避免急于下结论，要在做解释和制订课程计划之前，学习利用线索和信息收集细节。当准备对收集到的信息进行解释时，教师要先设身处地地从幼儿的角度思考自己刚刚看到了什么。

要想理解幼儿的观点，需考虑以下问题。

◁ 他们在游戏中想玩什么？

◁ 他们正在建构什么样的经验、知识和技能？

◁ 他们提出了什么问题？有什么新的发现？遇到了什么困难？

◁ 他们发现什么是有意义的？什么令人沮丧？什么具有挑战性？

◁ 他们想从你或同伴那里获得什么？

观察与记录的技能

作为一名观察者，教师要提高在观察过程中收集数据的技能，必须遵循以下原则。

客观性

记录客观细节，避免匆忙作出判断或概括。客观记录力求不做解释，如："这些男孩太吵了，他们失去了控制。"这是对尚未有细致描述的行为作出有意义的解释。相比而言，以下这句话可被理解为"太吵且失去控制"的具体行为："在收拾玩具时，乔纳森（Jonathan）和杰森（Jason）

在房间里大声喊叫，争论谁是最后一个玩积木的人。"详细描述可使你对情境进行评估，同时有助于你了解哪些因素影响自己对观察记录的解释。观察中力求做到客观的最好方式，就是清晰地意识到自身存在的主观性，然后寻求从他人的角度看问题。

细致性

将观察到的细节记录下来，如参与某项活动的幼儿和成人的人数、可利用材料的数量和种类、活动持续的时间以及其他相关的客观因素。这为阐述观察现象提供了许多细节背景。

直接性

记录直接观察到的话语。尽管这是很难掌握的技能，但是在分析观察记录时非常有用。如在观察记录中有这么一句话——"杰森说：'我先玩的那个。'"这表明幼儿有解决冲突问题的语言技能。

完整性

观察事件从开始到结束的全部过程并记录下来。一份完整的记录包含整个事件的背景、人物、行为、反应以及发生的事件。

情绪线索

将情绪线索记录下来，如语调、面部表情、身体姿态、手势以及其他非言语线索。情绪线索有助于教师对情境中的社会和情感氛围作出判断。

练习对观察记录进行解释

练习观察技能。阅读下面的观察描述，然后将案例中的每句话分别记录在下面两个标题的其中一个标题下。

德里克（Derek）站在沙盘旁玩一个硕大的塑料恐龙。他在沙子里挖了一个洞，将其中一个塑料恐龙和一个恐龙骨架埋在里面。"这只已经死了很久了。"他指着恐龙骨架说。"这只还没有死。"他笑着说，"我最好不要把它埋起来。"

德里克抓起一把小铲子，开始把他埋在下面的每只恐龙挖出来。他是在探索关于死亡的事情吗？他看似已经理解了那些"骨头"是死后留下的。

他把硕大的塑料恐龙挖出来，开始向恐龙张开的嘴里放沙子。"你最好吃些蔬菜，我要用蔬菜把你喂饱。"他一边给恐龙填沙子，一边说。"我需要一个漏斗来把它填满。"他认为用一个漏斗把恐龙填满会节省很多时间。德里克是一个很聪明的孩子，他的游戏也很复杂。

描述	解释/问题/疑问

109

接下来，根据以下问题进行反思。

1. 德里克知道如何做事情吗？具体说说，记录下来。

_____

_____

_____

2. 什么使他感到沮丧？把具体现象记录下来。

_____

_____

_____

3. 他觉得自己怎样？哪些线索让你知道他的自我感受？

_____

_____

_____

4. 对于德里克而言，这次经历的实质是什么？用一句话说出它的意义或主题。

_____

_____

_____

深入思考

教师在写对德里克的观察报告时，使用了许多描述性的语言，包括与德里克对话内容的直接记录。基于这些记录，他有作出解释的依据——德里克对死亡这一现象已经有所理解，而且他还在进行更多的探索。但是，他观察记录的最后两句解释性记录，却缺乏足够的信息支持。

他对"德里克是一个聪明且有经验的游戏者"的评价是建立在多次观

察的基础上的。即使这样，但他如果能提及此次观察和其他教师在过去对德里克的观察记录的一致性，那么这些解释性记录将更真实、有效。

只有练习，才能成为熟练的观察者。可将下面的表格复印下来，在观察中使用。尝试对一名幼儿或一小组幼儿观察 15~30 分钟，收集有关信息，然后进行解释，再将其运用于课程设计。注意在观察记录表的前面部分记录自己的描述，写下具体观察到的事物。在观察结束时，重温自己的记录内容，然后填写记录表后面的解释部分，再问问自己以下的问题。

- [ ] 他们在游戏中想要做什么？
- [ ] 他们正在建构什么样的经验、知识和技能？
- [ ] 他们提出了什么问题？有什么新的发现？遇到了什么困难？
- [ ] 他们发现什么是有意义的？什么是令人沮丧的？什么具有挑战性？
- [ ] 他们想从教师或同伴那里获得什么？

表 4-3　观察记录表

观察地点：＿＿＿＿＿＿＿＿＿＿＿＿＿＿＿＿＿＿＿＿＿＿＿＿＿＿＿＿

观察日期和时间：＿＿＿＿＿＿＿＿＿＿＿＿＿＿＿＿＿＿＿＿＿＿＿

观察者：＿＿＿＿＿＿＿＿＿＿＿＿＿＿＿＿＿＿＿＿＿＿＿＿＿＿＿＿

描述：

＿＿＿＿＿＿＿＿＿＿＿＿＿＿＿＿＿＿＿＿＿＿＿＿＿＿＿＿＿＿＿

＿＿＿＿＿＿＿＿＿＿＿＿＿＿＿＿＿＿＿＿＿＿＿＿＿＿＿＿＿＿＿

＿＿＿＿＿＿＿＿＿＿＿＿＿＿＿＿＿＿＿＿＿＿＿＿＿＿＿＿＿＿＿

＿＿＿＿＿＿＿＿＿＿＿＿＿＿＿＿＿＿＿＿＿＿＿＿＿＿＿＿＿＿＿

解释/问题/疑问：

＿＿＿＿＿＿＿＿＿＿＿＿＿＿＿＿＿＿＿＿＿＿＿＿＿＿＿＿＿＿＿

＿＿＿＿＿＿＿＿＿＿＿＿＿＿＿＿＿＿＿＿＿＿＿＿＿＿＿＿＿＿＿

＿＿＿＿＿＿＿＿＿＿＿＿＿＿＿＿＿＿＿＿＿＿＿＿＿＿＿＿＿＿＿

＿＿＿＿＿＿＿＿＿＿＿＿＿＿＿＿＿＿＿＿＿＿＿＿＿＿＿＿＿＿＿

关注儿童的各种复杂游戏

发现幼儿游戏中的关键要素是提升观察技能、研发适宜性课程的另一种方法。了解游戏中的关键要素，能充分感受幼儿的发展进程和他们在探索中萌发的概念。在观察幼儿的过程中，教师结合对以下问题的思考，判断幼儿的游戏是否具有创造性和复杂性。如果缺失其中某些要素，可以自己制定目标进行弥补。

1. 幼儿是否在为他们自己的活动制作道具？

观察：

2. 幼儿是否能让同伴（成人）一起参与表演游戏？

观察：

3. 幼儿是否能根据需要调整空间和材料？

观察：

4. 幼儿是否能和同伴协商分配角色和解决问题？

观察：

5. 幼儿是否每天都继续开展自己的主题游戏？

观察：

6. 幼兒是否能使用特別的詞彙和日益複雜的句子結構？

觀察：

_____

_____

7. 幼兒是否能理解一些專業領域的知識（如文學、科學、數學）？

觀察：

_____

_____

案例分享

阅读克里斯蒂·L. 诺伍德在开端计划教育项目中的故事，思考她是如何在研究观察记录后转变自己的思考方式的。观察记录帮她看到了一名幼儿对学习的热情，也让她明白了幼儿已经学会了什么，这使得克里斯蒂得以跟上幼儿的步伐，同时对幼儿的活动进行指导。

在发现儿童兴趣的过程中学习

（讲述人：克里斯蒂·L. 诺伍德，开端计划教育项目协调人）

当我与同事谈论自己与教师和孩子在教室里的各种经历时，他们常会说发现了我对孩子和学习有一种真正的热情。现在，我们认识到孩子有丰富的资源，可以做很多事情，这与 15 年前的想法已有天壤之别。刚踏入幼儿教育领域时，我的想法是"我们的教育对象是最'弱不禁风'的公民"，希望他们通过学习有所发展，直接教学与指导是达到这个目标的必要方法。

大学毕业后，我选择在芝加哥康蒙思儿童发展中心（Chicago Commons Child Development Program）从事自己的第一份教学工作。之所以选择在这所机构工作，是因为该机构的教育理念和我的理念有冲突。或许，你对此会感到诧异。然而，我在参与到教育活动中后，才感受到教育过程中存在的互动性。孩子开始让我思考自以为已经知道的很多东西。我开始思考孩子的兴趣和问题如何引导他们探索和学习。我看到其他经验丰富的教师围绕着孩子兴趣，利用孩子的探究和提出的问题来设计课程。当我看到教师对孩子学习过程的观察和记录后，我感受到孩子是在过程中学习，而不只是简单记忆。这时，我的观念开始转变，觉得孩子应该被看作有能力的公民，而不是和其他人一样，将孩子只当作空的容器。

我渐渐坚信，探寻孩子的兴趣是以儿童为中心的课程的核心。教师如果带着倾听的耳朵，怀着包容的心态，就能与孩子一起学习，还能向孩子学习。现在，我已经成为中心的教育专家，正在帮助其他教师朝着儿童中心的方向努力。教师有时需要调整他们的观点和目标，就像曾经的我一样。这种转变极大地促进了教育的灵活性，对孩子和成人都有不可估量的益处。

在罗斯福大学攻读硕士学位期间，我到芝加哥康蒙思尼尔家庭中心（Chicago Commons Nia Family Center）实习。实习期间，我与3~5岁的一群孩子一起探究城堡。在过程中，教师首先对孩子的积木建构游戏进行观察。我在观察中发现，孩子自发形成了协作团队，完成城堡的大型建构。每个孩子都参与到搭建中，每块积木都能用得上。他们表现出的合作能力和协商精神让我深感折服。

我和孩子在一起待了大约两周，并通过文字和图片把我的所见、所做记录下来。在研讨中，我和教师一起回顾了所有的观察记录。他们告诉我，孩子搭建房屋的游戏已经持续了两个月。我想要了解一些方法去支持孩子在盖房、建造和构筑方面的兴趣，于是进行持续的观察和记录。在几个星期的观察后，孩子开始和我讨论他们搭建的建筑。埃里克说："这是一个城堡。"这是孩子第一次提到城堡。在对过去两个星期的谈话和图片进行反思后，我开始考虑将城堡再次作为活动主题的可能性。我能想到，修筑的大型建筑物如何在孩子眼中变成城堡。我也开始预想，孩子会怎样把这一建筑物用于表演游戏中。

我认识到，要保持以儿童为中心，就必须关注孩子的已有基础。作为教师，我们需要问自己，孩子在修建城堡的活动中会学到什么。经过讨论，我开始考虑如何在孩子原有基础上引导其继续发展。关注孩子的真正兴趣可以帮助教师更好地为孩子学习提供支持，而不是用教师安排的活动计划去简单替代孩子的兴趣。建构是孩子的兴趣，所以我们决定给孩子提供材料，看看他们对城堡的兴趣是否会提高。通过搜寻，我买了一套"百变建构套装"（No Ends Construction Set）和城堡积木盒。"百变建构套装"可以让幼儿搭建出拱形、圆形等不同形状。之所以提供城堡积木盒，是因为我想让幼儿能有亲手操作的参照材料，而这些材料又能为幼儿展现城堡的结构。

起初，孩子对探究城堡活动兴致勃勃。几个月后，他们把注意力转移到教室里的其他活动上。我慢慢发现他们对建筑的热情减少了。我不确定他们是否完全转移了注意力或他们是否需要新的视角重燃自己的兴趣。我很想给他们提供关于城堡的新挑战，同时确定他们是否对构建城堡还有兴趣。

我开始从周围环境中查找检测孩子是否还能重新建立对城堡兴趣的一些方法和资源。最后，我找到了一本名为《过去的人和地方》（*Peoples and Places of the Past*，1983）的书。这本书有一部分内容是关于城堡和教堂的，提供了把孩子已有知识和某些学术领域联系的机会。同样，我们也希望孩子将来能在这些领域有所作为，如我们讨论了世界上哪里有城堡（地理知识）、城堡是做什么用的（历史知识）、谁住在城堡里（人类学知识）。我也把城堡结构的概念作为新的词汇做了介绍，如"塔""桥""吊桥""护城河"。讨论超过了45分钟。我问孩子是否想要画一幅城堡，有几个孩子很想加入。这让我知道当教师关注孩子感兴趣的事物时，孩子保持注意的时间会很长。看到孩子心满意足，我很惊喜。孩子浏览书籍，选择图片作为绘制模型的图例。有趣的是，每个孩子注意的角度都不同，如塔、拱门、窗户、住在城堡中的人。当孩子完成了自己的城堡作品后，我们接着讨论孩子的图例。

罗谢尔（Rochelle）："我做了一个城堡。"

迪特里奥（Deterrio）："我的城堡很大很大。"

埃里克："这个城堡有窗户，还有护城河。护城河很脏，龙喷出的火让它看上去很热。有太多的城堡，这个城堡是我为公主和骑士做的。"

卡西尔斯（Cassius）："这个城堡里有骑士和昏暗的灯。那里面一定很黑。国王拿出了剑刺向骑士，然后他们就死了。"

恩德里克（Endrick）没有评论。

介绍完不同的城堡后，我们继续进行探索和发现。孩子利用其他的书籍、照片、网络资源和自己的想象去绘画和构建城堡。先前没有对城堡画给予评论的恩德里克，对城堡也表现出极大的兴趣。当其他的孩子开始在教室里寻找其他的兴趣点时，他对城堡的兴趣却增加了，继续进行绘画和构建城堡的活动。他甚至做了一个"城堡文件夹"，收集他所有的绘画和图片。对城堡探索了几个月后，我感觉到我们已经完成了所有探索和学习的可能性。然后，我请孩子帮忙决定接下来应该做什么，恩德里克建议我们在操场上搭建一个城堡。

作为教师，我们不得不问自己，怎样构建经验才能更好地帮助孩子达到目标。当课程实施变得停滞不前、毫无发展空间时，教师可以向孩子学习，从孩子身上找到新的思路。正如上例，我们决定将恩德里克的建议作为学习城堡的最后一步。但是，在我们实施之前，还需要一些小的环节。

我拿着恩德里克选的城堡图片，找到同事杰西·奥维耶多（Jesus Oviedo）一起商量。他是幼儿园的协调员。由于我们在教研周会上经常讨论幼儿构建城堡的事情，所以他对城堡项目很熟悉。在中心，协调员每星期都会与各班教师见面，一起讨论近来孩子关注的主题，以便更好地为教师提供帮助和支持。我们发现，这种交流对于以儿童为中心的课程必不可少，让我们花时间来回顾记录的资料、反思经验，对接下来怎样做进行头脑风暴。杰西建议我们和恩德里克讨论，共同为实现他提出的在操场上搭建城堡的想法制订多种不同的实施方案。

我们决定做一个模型，尽量列出可供孩子使用的各种材料。经过选择，杰西建议我们使用泡沫塑料。这种材料坚固、重量轻、容易切割和操作。随后，杰西从商场买来了各种各样的泡沫塑料和模型。到 5 月份，孩子对城堡的兴趣也正好 5 个月，我们开始做由恩德里克提出的操场城堡模型。活动中，我们鼓励恩德里克带头用泡沫塑料搭建城堡。

模型做好后，我们准备在操场上搭建城堡。作为成年人，我们有时感觉这个工程永远都不会取得成果。尽管如此，我们仍要坚持到底，帮助孩子实现在操场上搭建城堡的梦想。我们决定使用木材，因为它有很好的耐久性，而且容易操作。同时，我们也想到环保的问题。我们买了大量的废材和胶合板。过了 6 个月，操场上的城堡终于完成了。

在学习中，孩子是主人。教师和教研员运用观察、反思和激励去帮助孩子挖掘新的知识，探求更深的理解。如当阅读观察记录，研究孩子的语言、作品和照片时，我们要在想法、经验和真实物品的构建中找到联系。我们鼓励孩子对城堡进行想象、设计、绘画和建构。我们开了很多会，讨论了无数次，但这一切的动力都源自孩子，是为了孩子发展。

回顾这项研究，我们萌发了许多有待进一步探究的想法。我们猜想："美国大城市低收入开端计划中的孩子对城堡一直保持着浓厚的兴趣，究竟是城堡中的什么方面吸引了孩子？""在这些孩子中，大多数孩子从未见过真的城堡，是什么影响了他们的想法？"特别是恩德里克的想法，使这个研究成为我们日常生活中的一部分。其间，我们学会了关注孩子的兴趣，分享我们的目标。这次经历不仅是关于学习结果的获得（尽管有许多成果），而且是关于如何为孩子的想法和浓厚的兴趣提供支持。孩子有自己的思想，他们的能力超出了我们的想象。在几个月的研究中，我们对这一信念矢志不渝。教师与孩子在不断学习和成长的过程中，彼此之间的关系也更加密切。

121

思考与分析

围绕教师如何发现观察的重要作用并如何借此提高以儿童为中心的课程组织能力，进行深入思考，可以给克里斯蒂发邮件（Norwood29@gmail.com）。建议围绕以下问题进行思考。

- 什么影响了克里斯蒂，使她转变了教育观念，从直接指导变为遵循幼儿的兴趣？

- 与同事一起分析观察和记录资料，在克里斯蒂以儿童为中心的教育工作中起到了怎样的作用？

- 在城堡项目上，克里斯蒂与幼儿的工作如何协调并最终达成幼儿的学习目标？

实践运用

对目前观察方法的反思与记录

下面的问题有助于反思当前自己使用的观察方法。

1. 你如何评价自己已有的观察和记录技能？

_____

_____

_____

_____

2. 有哪些因素导致你无法进行定期观察？

122

_____

_____

_____

_____

_____

_____

_____

3. 你会使用什么方法来克服这些因素？

_____

_____

_____

_____

_____

_____

4. 在课程组织与实施中，你是如何利用你的观察的？

123

_____

_____

_____

_____

_____

_____

第五章

重新设计课程主题

125 **自我反思**

1. 在观察幼儿游戏时，你发现一直出现在他们的活动和谈话中的主题有哪些？

_____

_____

_____

_____

2. 在设计课程时，你在多大程度上关注为主题的开展提供相关经验？

_____

_____

_____

126 在以儿童为中心的课程设计中，很重要的一个方面是重新设计课程主题。

天气渐暖，教师阿曼达（Amanda）决定把感官桌（sensory table）移到户外，让她们班3岁的孩子使用。第一天，她拿出一个装满鸟食的大塑料桶和各种各样的篮子及容器。孩子们立即把鸟食从塑料桶里倒出来，填进各种容器和篮子里。其中一个孩子带着装满鸟食的篮子，走到户外操场，边走边喊："小鸟，小鸟，你的吃的来啦！"不一会儿，整个班的孩子都往自己的容器里装鸟食，然后在操场上四处扬洒。

第二周，阿曼达在感官操作台里装满水，还添了一些容器、水管和桶。刚开始，孩子只是在感官操作台上玩。过了不久，他们开始带着装满水的桶绕着操场四处游走。阿曼达想到"交通"这个主题，给孩子提供了玩具火车、巴士和马车。然后，她又增加了午餐盒、带把手的篮子、袋子和盒子。孩子在操场上开展游戏的整整一个月里，主题都集中在货物装、搬和卸上面。阿曼达还抓住机会引入物理科学的概念，如机械与运动、简单和复杂的位移、物理运动。此外，她还在与孩子的交谈过程中，引入与上述概念有关的各种词汇，并用这些词汇描述孩子的活动操作过程。

大多数幼儿园课程都围绕主题而设计。不管主题对幼儿来说是否重要，主题式课程仍然是每周公告栏通知、研讨和艺术活动的重点。但是，这些主题是否与幼儿生活相关？主题是否反映了幼儿的现实生活和兴趣？节日、恐龙、色彩或每周书信这样的主题与早期学习标准有何关系？对幼儿来说，有意义的学习源于教师有目的的思考。如果教师习惯性地选择自己喜欢的活动，那么这些活动对幼儿也不会产生任何有意义的结果。

"交通"在幼儿园课程中是一个常见的主题。教师通常会通过艺术活动、手指游戏、戏剧表演和实地参观等形式，帮助幼儿了解卡车、轮船、火车和飞机等交通工具。教师也会借助类似于"食谱"一样的教师参考书，寻找各种活动。但是，教师却从未停下来认真思考过幼儿对这些主题的兴趣程度或者现有的理解水平。

在上述案例中，阿曼达采用完全不同的方法开展"交通"的主题活动。她通过观察，发现幼儿对"交通"主题感兴趣。她利用幼儿对运送鸟食的浓厚兴趣，引入科学领域的概念和语言词汇。教师认识到，幼儿自发的、有意义的活动得到教师的支持，并在教师的帮助下得到拓展时，就会出现复杂的学习。

教师对主题设计的重新思考，需要通过观察幼儿来了解他们的兴趣，并利用他们的兴趣将其注意力吸引到学习上，并逐渐拓展幼儿的学习活动。这是以儿童为中心的课程的重要组成部分。

从一般主题到发展性主题

从幼儿的视角看问题，有助于我们重新认识主题的概念。教师如能给予幼儿充分的机会，他们一定很乐于从事最有助于个人发展的活动。仔细观察，我们必定会对幼儿已有的知识和能力惊叹不已！作为成熟的幼儿行为观察者，教师需要发现幼儿行为更深层的意义，看到主题的发展性，了解幼儿对主题的喜欢程度，并运用这些主题开展活动。教师还可以探究幼儿的兴趣如何引领他们开展文学、数学和科学等领域的探索。这种思路和教学方式可为教师和幼儿感兴趣的活动或探究增添动力。

表 5-1　两种主题计划比较

一般主题计划	发展性主题计划
教师随意选择每周的主题，围绕主题设计一系列活动，传授与主题相关的知识。	教师为了了解幼儿在游戏中表现出的深层意义、主题发展性或学习内容的特点，认真观察每一名幼儿，提供各种材料和活动进一步支持幼儿的积极探索。
教师通过组织的活动向幼儿传递信息，通过提问的方式传授"正确的"知识，"考核"幼儿是否掌握了正确的答案。	教师的教学基于对幼儿问题的探究，立足于幼儿的真正生活与关系，力求了解吸引幼儿游戏或探索的原因。
教师将重点放在让幼儿说出已知道的知识上，要求幼儿背诵"应该"掌握的知识。	教师通过准备的材料和设计的活动激发幼儿的好奇心，借此了解幼儿已有的发展水平。教师也会留意幼儿可能不明白的地方，让幼儿重复检验自己的理解和结论。

续表

一般主题计划	发展性主题计划
教师评估幼儿缺失的知识和技能并依此设计接下来要教什么。	教师的重点是"做中学",让幼儿与自己感兴趣的材料、人物和观点互动并引导其进行探索,同时将其与学科领域的概念和语言联系起来。
教师的教学方法基于对幼儿学习和入学准备的观察。这种狭隘、简单的理解的关注点仅在于基本技能的掌握和对事物表面的理解。	教师的计划围绕幼儿的强项和兴趣点,这一过程的核心是将早期的学习标准与幼儿的问题和思想相结合。

儿童的游戏主题

下面介绍确定发展性主题的不同途径。这些发展性主题能构成以儿童为中心的生成性课程。在对幼儿乃至社会的观察和了解的基础上,我们可以将对幼儿兴趣的认识作为制订课程的起点,同时不断分析幼儿游戏主题的深层意义,并在观察幼儿游戏过程和与幼儿对话的基础上,将这些深层意义和领域学习相联系。教师在观察和反思的基础上,要为幼儿提供更多的材料和活动,拓展他们的兴趣。

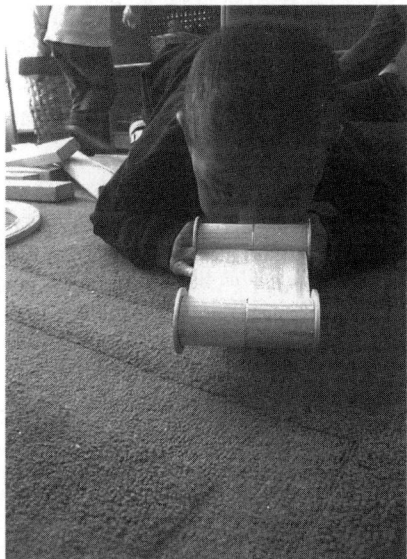

皮亚杰(Piaget)提出儿童游戏的"四阶段论","四阶段论"对主题计划和回应幼儿的方法选择非常有用。

- 探索游戏阶段
- 建构游戏阶段
- 假装游戏阶段
- 规则游戏阶段

仔细观察幼儿，你会发现发展性主题隐含在幼儿的游戏中。以下呈现的案例，有助于我们认识皮亚杰提出的游戏阶段的特点。此外，下面还将介绍借助不同材料和活动来丰富游戏主题的各种方法。

探索游戏阶段

弗兰基（Frankie）正在娃娃家玩游戏。他站在玩具冰箱前，一遍又一遍地打开又关上冰箱门。他看起来对冰箱架上的东西毫无兴趣，相反却在非常认真地听冰箱门关上时发出的吱吱声。

幼儿在用感官探索事物，发现事物是如何运转的，了解事物的因果关系。教师通过提问，帮助幼儿丰富游戏内容。

- 用手摸，用耳朵听，用舌头尝，用鼻子闻或者搬动这件物品，你有什么感受？
- 这件物品包括哪些部分？特征是什么？
- 这个物品和我已知的物品有哪些相同和不同之处？
- 我还可以用这些东西做什么？

(131) 探索游戏阶段的准备

一旦某一主题出现在幼儿游戏中，教师要设计相应活动和互动来支持和丰富幼儿的学习。教师要牢记一般主题和发展性主题的区别，重要的一点是收集供幼儿使用的材料，如为幼儿收集各种零件，借此为皮亚杰所说的游戏阶段做好环境准备。

下面这些物品可供幼儿一人探索，也可供幼儿与同伴共同探索，或让幼儿拿给对该物品感兴趣的其他幼儿探索。感知材料和各种零件是最适合幼儿探索的材料。

管状和柱状物品。如 PVC 管、卫生纸和卷纸筒、万花筒以及不同长度和厚度的透明塑料管。

球类。如乒乓球、威浮球（wiffle balls）、高尔夫球、橡皮球、碰碰球、壁球、棒球、沙滩排球、网球、垒球、棉花球、磨牙球、泡沫球、毛线球、纱球、波波球。

允许幼儿把球类、管子和圆柱体放在一起，这种混合将会使幼儿把合适的球放入相应的管子里，观察球在管子里滚来滚去，然后用球把管子填满。

触觉和听觉材料。如羽毛、软毛的刷子、动物皮毛、假发、围巾、丝绸、羽毛掸子、金属丝；牛铃、圣诞铃、木铃、腰铃、腕铃、上课铃、铜铃、风铃。

视觉材料。如眼镜、太阳镜、护目镜、双筒望远镜、单筒望远镜、照相机镜头、树脂玻璃、薄膜、塑料瓶、彩胶、有色玻璃纸、放大镜、显微镜、珠宝用小型放大镜。

感官探索材料。如泥巴、岩土、黏土、湿沙、白沙、黑沙、彩沙、立方体冰块、长方体冰块、大冰块、碎冰块、雪、剃须膏、肥皂水、泡泡、装水的气球、吸管或干草、新割的草、砂砾、木刨花、碎纸、五彩纸屑、贝壳、石头、种子（南瓜、向日葵、草）、鸟食、松球、落叶、青苔、花瓣、常绿针叶和枝条、小树枝、鸡蛋、鸡蛋壳、蚯蚓、豆芽、毛线、纽扣、碎毡片、棉球、碎皮片。

把这些材料放进桶或感官桌，可以单放，也可以与铲子、漏斗、桶放在一起。有了这些材料，教师就可以看到幼儿沉浸其中的深层次探索，体会感官探索的愉悦。

建构游戏阶段

杰森很认真地在一桶积木中寻找长方形的积木块。然后，他把四个车轮贴到长方形底部，又加了一扇门和车顶。他把一个短小的正方形零件放到车顶，说："我做了一辆车。"

经过探索游戏阶段，幼儿开始有了明确的探索意识和计划。想一想，对于下面的问题，幼儿会如何回答？

◁ 我怎样把这些不同的材料组合在一起？

◁ 我可以用这些材料搭建什么？

◁ 我能否用这些材料作出我想做的东西？

建构游戏的准备

除了传统的建筑和建构玩具之外，为了鼓励幼儿参与建构游戏，教师还可以增加一些非同寻常的开放性材料，也可以提供一些操作指导的方法。

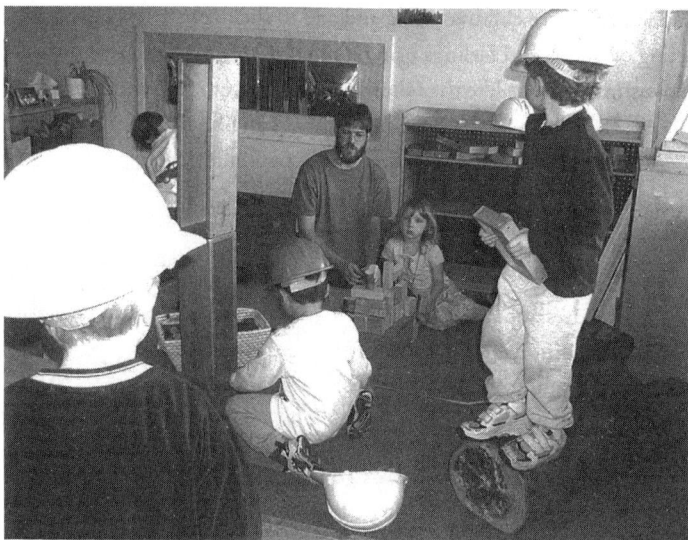

带状物品。如空调用胶带、车扣胶带、电工胶带、透明胶带、包装带、不同长度和宽度的彩色布带、强力防水胶带、圆形和方形贴纸、文件标签纸、各种各样的贴纸。

工具类物品。如打孔器、皮革打孔器、订书器、胶枪、缝纫机、锤子、螺丝刀、钳子、扳手。

用作连接的工具。如牙签、橡皮泥、泡沫、吸管、毛线、纱线、衣架、线、钉子、腰带、纸夹、图钉、胶带、曲别针、夹子、吊环、别针。

假装游戏阶段

迪安戈（Diego）朝山顶跑去，身后拖着一条长长的绳子。他假装很努力地在拉绳子，一边拉一边咕哝道："快点，你这头大牛。"

在游戏中，你会发现幼儿使用许多玩具来表达自己的想法和情感，并借此调整自己的游戏。他们喜欢围绕以下问题进行探索。

　　◁ 我可以把这个东西做成什么？

　　◁ 在角色游戏中，我如何使用它？

　　◁ 在游戏中，其他人和事物可以扮演什么？

传统的表演服装、模拟的家用设备、各种各样的道具（如天然气站、商店、餐厅、医院、办公室等）都是假装游戏非常重要的材料。常见的社会性和情绪发展的主题也会出现在假装游戏中。下面提供一些有助于丰富这些主题的具体想法。

135 ## 生日

幼儿通常会谈到生日、生日派对、蛋糕和蜡烛。对于幼儿，这些庆祝活动是孩童时期的特殊仪式，会让幼儿从中感受到力量，增强其自尊感。幼儿也会把生日派对作为获得友谊的"谈判筹码"。他们常常会相互许诺："如果你让我和你一起玩，你就是我最好的朋友，并且可以来参加我的生日派对。"

基于这一主题，教师可以制作带日历、成长记录表的道具箱，里面放有照片、蜡烛、装饰品、蛋糕模具、橡皮泥蛋糕、小礼品、帽子、盒子、包装纸、蝴蝶结、胶带、邀请卡和致谢卡。

幼儿玩游戏时，教师注意倾听他们令人惊叹的想法，理解他们对友谊、美好时光、成长和庆典的渴望，更要对此给予充分理解。在幼儿的生日活动中，这些都是具有深层意义的重要主题。

离别

分离焦虑在幼儿生活中十分常见。对于许多幼儿来说，从家庭进入幼儿园或保育中心是一种很艰难的过渡。

幼儿通过表演和讲故事，可以把恐惧释放出来，理解分离焦虑，获得克服分离焦虑的力量。教师也可使用玩具小人、木偶或毛绒物品，或者让幼儿自己玩这些玩具。

为幼儿讲述一些关于分离焦虑的故事，提供与故事有关的道具或毛绒物品，让幼儿通过游戏去了解这个重大的事件。关于分离焦虑的图书有很多。

◁ 《你是我的妈妈吗?》(*Are You My Mother?*)，作者 P. D. 伊士曼（P. D. Eastman）。

◁ 《分别的早晨》(*The Leaving Morning*)，作者安吉拉·杰森（Angela Johnson）。

136 ◁ 《妈妈，你爱我吗?》(*Mama, Do You Love Me?*)，作者芭芭拉·M. 杰茜（Barbara M. Joosse）。

◁ 《妈妈，不要走》(*Mommy, Don't Go*)，作者伊丽莎白·克拉里（Elizabeth Crary）。

◁ 《哦，我的孩子，我的宝贝》(*Oh My Baby, Little One*)，作者凯西·阿佩尔特（Kathi Appelt）。

◁《逃家小兔》(*The Runaway Bunny*)，作者玛格丽特·怀斯·布朗（Margaret Wise Brown）。

◁《可以为我回来吗?》(*Will You Come Back for Me?*)，作者安·汤姆伯特（Ann Tompert）。

幼儿的恐惧

教师要仔细观察幼儿在主题活动和互动中表现出来的恐惧和不安。有些幼儿害怕怪物或者黑暗。对于一些幼儿来说，他们每年都会经历飓风、地震、洪水和火灾。对于其他一些幼儿，他们还可能经历暴力、谋杀、结伙斗殴和战争。越来越多的幼儿对威胁生命的情景或家庭成员的离世有亲身感受。

在这个世界上，幼儿经常在面对自己时感到无助或无力。大众媒体上盛行的超级英雄形象，反映了幼儿想要扮演强大、不可征服的角色的需要。与其禁止超级英雄的角色或逃避骇人听闻的某些问题，教师不如直接面对并为幼儿创设相应的课程。下面的案例，展现了教师力图抓住并通过幼儿的恐惧情绪，使其投入到真正的学习过程中的情形。

洪水

教师巴布（Barb）的幼儿保育中心坐落在河边。有一次，这条河流遭受了百年一遇的特大洪灾，巴布带着孩子们观看河水泛滥的情景。连续几周，孩子们看到直升机空运沙包，志愿者为了堵住决口在艰苦奋战的情景。

孩子的游戏反映他们观察到的现象。孩子用书和积木建了一个堤坝，轮流扮演洪水去冲毁堤坝。巴布又为孩子提供了玩具直升机及小人道具，还增加了有关河流与洪水的图画书。另外，她把玩具都转移到戏水桌上，并加了一些沙子。洪水成了这几周孩子游戏的主题。这个主题隐含的发展性内容，就是让孩子学习控制和克服恐惧的情绪。

地震

孩子所在社区被地震摧毁后，教师莎隆和孩子们轮流用积木和其他玩具在一张摇摇晃晃的桌上建了一个"小镇"。每次建好后，他们就摇动桌子，模拟地震毁掉建筑的情景。他们不断重建，又不断摧毁自己的建筑。莎伦还增

137

加了一些可以让孩子表现能量的玩具，如医生、消防员、建筑师等。

力量

教师汤姆（Tom）班里的孩子整周都在玩"超级英雄"游戏，他一直在一旁观看。一天，他拿着一支笔和一本自制的观察记录本，走到一组正在游戏的孩子旁边，紧挨他们坐下来，并请孩子告诉他，他们有多强大。

汤姆一边听孩子讲故事，一边记下他们说的话："我是世界上最强壮的人。"安东尼（Anthony）说："我可以举起一整栋房子，我眼睛里射出的激光可以把人变成石头和冰块，然后他们就永远沉睡了。"这时，其他一些孩子也加入了进来，把他们的想法加入到这个关于力量的故事中。

不一会儿，带着些许攻击性的活动转化成令人沉醉、有意义的讨论。孩子还为他们的主题故事合作设计了服装和道具。

到了教师讲故事的时间，汤姆再次朗读了这个充满力量的故事。他注意到，除了创编故事的孩子认真倾听外，其他孩子也一样全神贯注地听。为了更好地在以后进行关于力量的主题，他和同事进行了研讨，希望能相互启迪。

规则游戏阶段

杰西卡（Jessica）和瑞恩（Ryan）把长长的积木垂直地立在积木区的角落里，然后又从另一边滚动圆柱状的积木过来，撞击长积木。当长积木被撞倒时，他们会互相数一数撞倒多少、得分多少，然后决定谁下一个接着玩游戏。

皮亚杰说，当幼儿处于规则游戏的阶段时，他们为了游戏能顺利进行，会商讨出一系列的规则。幼儿在使用材料进行游戏时，通常会考虑下列问题。

🔊 我可以用这些材料玩游戏吗？

🔊 这个游戏需要什么规则？

◁ 我们怎样才能使这个游戏更有趣？

规则游戏的准备

除了购买的商业性游戏道具（这些道具需要事先评估，确保它们体现了无偏见、全纳、性别平等、合作等价值取向），教师在教室里也要为幼儿的游戏储存、准备一些道具。教师要仔细观察幼儿的游戏。当幼儿在游戏中显露出一些主题内容的端倪时，教师就可以为他们提供这些道具。

游戏道具

下面是关于游戏道具的一些建议。

◁ 球、圆柱体、沙包、用于游戏和道具制作的大纸板。

◁ 用于轮流的转盘、骰子和硬币。

◁ 用于轮流的手表、钟、计时器。

◁ 记录纸、剪贴板、制作表格与记录得分的纸和笔。

◁ 相片、图片、空白卡片、盒子、可改变和重复使用的纸板。

有意义的工作主题

幼儿喜欢参与真正的工作，如帮助别人搬运、修理、烹调、建造、盥洗、做计划和整理物品。幼儿在参与帮助家庭和社区的活动中树立强烈的自我认同感、独立性和相互依存的意识。提供类似的参与机会是以儿童为中心的课程十分关键的部分。

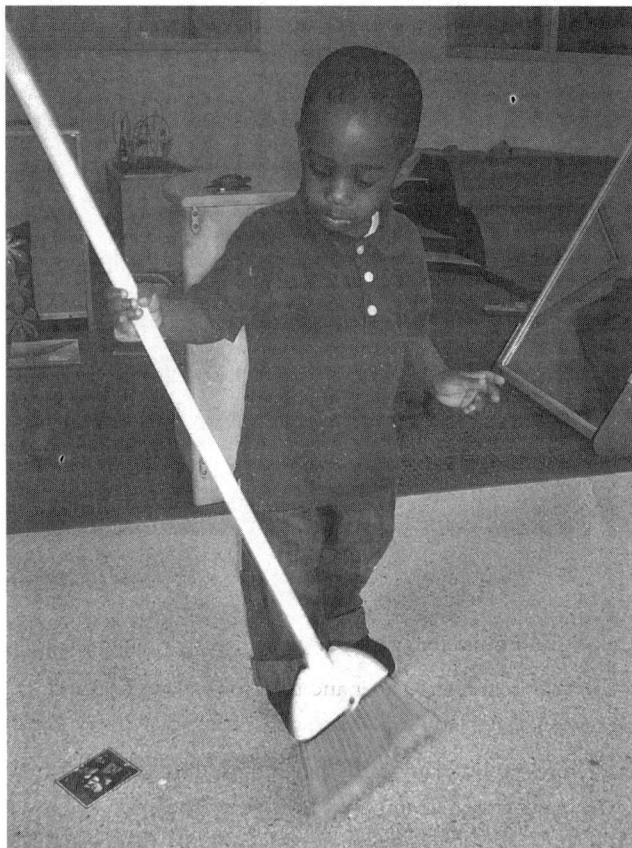

清洁

让幼儿从事真正的清洁、吸尘和盥洗工作。为鼓励幼儿参与，教师为他们准备随手可得、安全无毒的清洁工具。幼儿喜欢用为他们专门设计的小扫把、簸箕、手执真空吸尘器打扫地板。

准备装有醋和水的喷雾瓶、海绵，供幼儿随时可以擦桌子。准备清理玻璃和浴缸用的清洁器、刮水器和大卷纸巾。准备清洗盘子、桌子、家具和玩具用的桶、海绵、肥皂和洗洁布等。

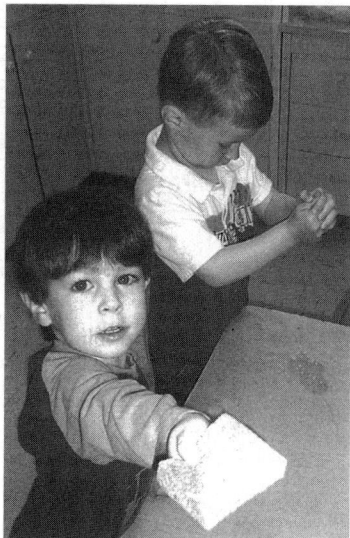

进餐及餐前准备

对于幼儿来说，布置餐桌、分配食物、餐后清理都十分有价值。不要把这些作为临时的安排，而是为幼儿参与这些活动制订详细的指导计划。这些活动有助于促使幼儿意识到自己是集体中有责任的一员。除此之外，他们还会获得许多不同的技能，包括制订计划、小组交流与协商、个别对话、点数以及与健康和营养有关的知识。

午睡及睡前准备

如果让幼儿负责在午睡前后自己整理和收拾物品，那么，他们在午睡及醒后的过渡会变得顺畅很多，也会变得更为自觉、自愿。为了帮助幼儿更好地了解午睡安排和顺序，教师可以为幼儿绘制步骤图，直观地供幼儿参考，甚至还可以和幼儿一起绘制一张图，标注好自己的小床放在哪里。这些图表也是幼儿可以参照的重要工具。

玩具的维护、修理与更换

把各种小工具集中放到一个工具箱里，这样幼儿可以帮助教师修补撕坏的书，黏合或者修复各种设施或玩具。如果有些材料需要更换，教师可以邀请幼儿参与选择和订购的过程。与幼儿一起阅读使用说明书，共同制订日常的维护计划，这样的活动可以激发幼儿的主人翁意识，让他们知道自己不仅是资源的消费者，还是管理者。在维修玩具的过程中，他们也发展了自己的精细动作，从中学到有关组合、建构和各种机械原理的知识。

课程的计划和记录

教师让幼儿参与到课程计划、准备和记录中。与他们一起讨论哪位幼儿正在学习什么。让幼儿参与收集自己的工作样本的工作，并用语言表达出来。把教室中发生的事情用照片记录下来，然后进行展示。让幼儿自己选择素材放入成长档案袋。

帮助同伴

尽可能让幼儿互相帮助，如互相学习怎样拉拉链、系鞋带以及使用玩具或工具。幼儿可以安慰他人，或帮助其他有需要的人。在教室里，教师可以制作一张班级小助手的图表，列出班级小助手的各种技能和姓名，以便寻找帮助时能及时找到人。这张表不仅是一张工作任务表，而且是"技能银行"或"资源地图"。

身体发展的主题

幼儿与成人不同。成人可以不用身体，而只用大脑进行思考，但幼儿却不能脱离身体动作，而仅靠大脑去思考。教师经常提醒幼儿"别出声"或"走路端正"，坐下时要"双腿并拢"。你是否更愿意把户外游戏看成是让幼儿发泄旺盛精力的机会，而不只是一种锻炼身体的方式？受到性别社会化的影响，许多女教师习惯地认为身体的发展是与生俱来的，常常忽视和幼儿身体发展有关的主题。

幼儿是靠感官动作来学习的，运动是他们专注和学习的一种方式。对于幼儿来说，教师要在教室里为他们提供身体运动的材料，而不仅仅是忍受他们的活泼好动。

和身体有关的主题

教师在室内外活动中为幼儿提供简单的材料和器械，有利于促进幼儿的身体运动能力的发展，这对于幼儿的认知和社会性发展也有重要作用。如果"爬行"是一日活动的主题，教师提供的材料和设计的活动目的就应该是支持他们获得爬行技能。如设置一些障碍，用毯子和桌子做成一个隧道，用大的盒子做成一个走廊通道。

和身体运动有关的材料

以下材料可增强和促进幼儿身体运动能力的发展。

◀ 供锻炼、躲藏、蹦跳和休息的靠垫与地垫。

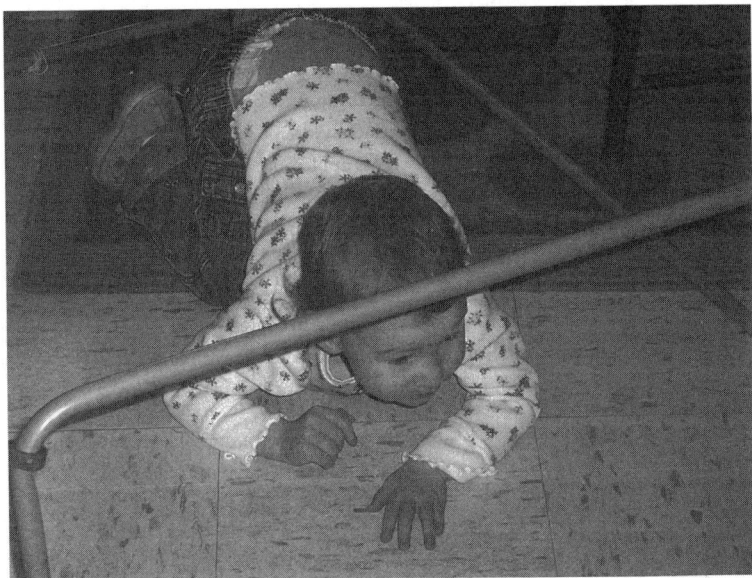

◁ 供举起和搬动的玩具货车、手推车、桶、盒子和比较重的物品。

◁ 让幼儿追逐、取拿、跳跃、拍打和敲击的球、沙包、气球和泡泡。

◁ 用台阶、梯子、树木、厚木板、床单、毯子和大线圈搭建的，供幼儿爬、跳和躲藏的具有挑战性的建筑物。

◁ 能看见自己身体运动的镜子。

◁ 供建构和创意活动的铁铲、绳子和滑轮。

◁ 能骑行的玩具、两轮车、三轮车、溜冰鞋和可调节速度的推拉玩具、平衡木，以及将人或材料从一个地方滑到另一个地方的斜坡地形。

◁ 供建构和创意活动用的牛奶纸罐、硬纸卷、充气救生圈、绳子和零散的玩具。

◁ 大土丘或者满是泥土、草和沙的山，长满草的田野，灌木丛，树木，水，洞，隧道以及可以躲藏的场所。在这些地方，幼儿可以体验到感官的愉悦和对身体的挑战。

146 下表左边列出了幼儿在探索过程中可能会出现的各种身体动作。请用头脑风暴的方式，在右边对应的空白处写出与其相适应的材料和活动。

表 5-2 幼儿探索记录

	观察到的幼儿的身体动作	拟提供的材料和活动
推		
牵拉		
疾走		
跑		
跳舞		
行进		
追逐		
寻找		
搬运		
装载		
卸载		
托举		
挖掘		
躲藏		
锤击		
击倒		
抛扔		
捡起		
平衡		
蹦		
跳跃		
踢		
踩踏		
摇摆		

创造性表现的主题

(147)

幼儿的创造性表现课程（包括手工、音乐和建构）常常会有一个产品。教师提出一些想法，让幼儿去制作，询问幼儿在制作（making）什么东西，而不是正在做（doing）什么，典型的问题如"这是什么颜色？""数一数你做了多少个？"。尽管教师常常说"过程比结果更重要"，但他们关注和展示在墙上的只是最终结果。幼儿创作这些作品的过程，往往被人们忽视。我们如果能关注幼儿在这些活动中所经历的过程，就会发现幼儿经历的不同发展阶段，其实比最终结果更重要。

(148)

创造性表现的阶段

探索。与其他游戏一样，幼儿的创造性表现也始于对材料特性的探索。观察、操作、实验并不断地尝试使用，这是幼儿借助材料表达情感和想法的重要一步。它让幼儿学会在未来的探索中将材料当作思考的工具。

可以引发创造性表现的探索行为如下。

◁ 搭建积木：推倒别人搭建好的积木；带着积木走来走去，然后放到一个特定的区域；尝试将积木拼接和组合起来。

◁ 涂画：涂抹；用手涂画；画人的身体；用刷子涂染颜色；涂鸦似地画线；涂满整张纸。

◁ 使用橡皮泥：通过揉捏和改变橡皮泥的形状表达自己的想法；揉捏、挤压、拍打橡皮泥或黏土；把橡皮泥搓成圈或球。

命名。在探索和使用材料时，幼儿开始为一些物品命名。你也许见过以下类似的行为。

◁ 积木建构：塔玛拉（Tamara）一边搭积木，一边说："我在造一座房子。"

◁ 涂画：贾思敏（Jasmine）不断地用胳膊来回在纸上涂画，边涂边解释说："我在画一棵树。"

◁ 橡皮泥：贾马尔（Jamal）正在制作球、线和其他形状的东西。他指着做好的东西说："蛇、煎饼、车、生日蛋糕。"

表征。当幼儿学会探索和使用工具时，他们开始有意识地制作象征物。象征物包括假装游戏和角色扮演的道具、自己设计和制作的作品。教师提供的艺术和手工物品往往代表的是成人的观点，幼儿的创造性作品则代表他们自己的思考和学习，并常常显示出具有个人和社会意义的复杂性。

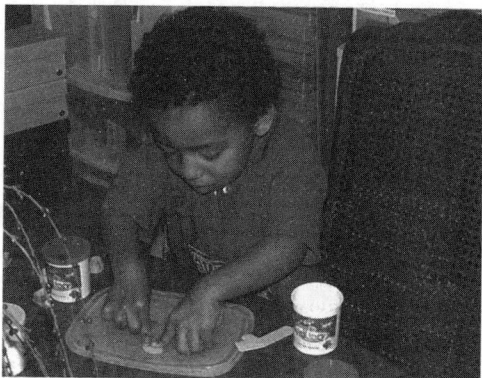

149

分析以下活动中幼儿表现出来的技能和创意。

积木建构：太古（Taiko）在家里养了一只小仓鼠。今天，她提出在建构区为她的小仓鼠建一所房子。她挑选了一些积木，先搭了一个有长廊和凹状区域的结构模型。她说："仓鼠可以在长长的走廊上跑来跑去，凹下去的地方可以放它的食物。如果饿了，它可以随时停下来吃。"接着，她又继续寻找了些其他形状的积木，并把它们添置到已经有点复杂的建筑上。

涂画：盖比瑞拉（Gabrielle）一上午都在艺术桌（art table）旁画自己的家庭成员，她给每一个人的画像都绘制了很多颜色和细节，但也突出了一些细微差别，这样就可以把每个人区分开。她对朋友们说："这一幅是我们在吃晚饭。""这一幅是我和妈妈在花园。看！我的妈妈杰奎（Jacquie）正在除草，这样蚊子就'无处藏身'了。"

橡皮泥：山姆（Sam）和雅各布（Jacob）正在玩橡皮泥，旁边还有一些塑料碟子和盘子。他们用橡皮泥当食物，正在做晚饭。"晚饭我们吃汉堡吧。"山姆说。雅各布说："好啊，我来做牛肉，你去做面包。"他们一起合作，用橡皮泥精心准备晚餐，其中包括一抹一抹的番茄酱和蛇状的法式炸薯条。

创造性表现的准备

试想一下，在幼儿画画时，你是否为了自己方便而只允许幼儿在画板上使用两三种颜色？你是否制止幼儿混合使用不同的颜料和画笔？你是否提供已完成的作品供幼儿模仿？

教师为幼儿提供机会，让幼儿体验创造性表现的过程，而不是只关注最终作品，这就是让幼儿参与发展性主题活动设计。教师可以在教室里的美术区和感官区放置开放性材料，供幼儿进行组合和变化，并在思想上准备好让每名幼儿在创造过程中运用各种不同的方法。

当教师关注过程而非结果时，他们才可以帮助幼儿更全面、深入地了解运用的材料，让幼儿把个人的发展性主题想法表现出来，幼儿才能学会将材料当作思考的工具，而不仅仅将其当作生成或创造的结果。

涂画

把涂画看成探索的过程，而不只是一个结果。为幼儿提供不同种类的纸或其他可涂画的各种材料、涂画工具和颜料等。教师也可以设计和提供多种可供幼儿实验、探索的方式。从下列清单中选择美术活动可用的材料，要尽量保证品种多样。

可使用的纸

- 计数单、信封。
- 不同大小和形状的袋子与盒子。
- 瓦楞纸、牛皮纸、报纸。
- 包装纸、墙纸、贺卡。
- 咖啡过滤纸、锡纸、蜡纸、砂纸、泡沫纸。
- 文件夹、索引卡片、广告宣传单、电脑打印纸、建筑用纸。

可供涂画用的材料和颜料

- 蛋彩、水彩、手指画、食用色素。
- 玻璃蜡、液体淀粉、脱脂牛奶、盐、面粉。
- 泥、肥皂片、剃须膏。
- 胶水（白色和彩色的）、水。
- 可添加到作品上的材质：糖、沙、燕麦片、亮片、各种提取物。

可供涂画用的工具

↬ 各种各样的画笔（漆刷）：硬毛刷、蔬菜清洗刷、洗瓶刷、牙刷、画笔刷、毛刷、烧烤刷、化妆刷、小扫帚、羽毛掸子、指甲刷。

↬ 各类厨房的工具：马铃薯粉碎机、滴管、饼干模具、海绵、清洁布、筷子、水果篮、蛋品包装纸、广口瓶盖、苍蝇拍、吸管、擀面杖、软木塞、蜡烛、牙签。

↬ 取自于自然的工具：松果、树叶、常青树树枝、花、玉米穗、石头、贝壳、羽毛、向日葵、小树枝。

↬ 其他工具：海绵刷、各种型号的滚筒、线、纱线、绳子、玩具车、眼药水滴管、挤压瓶、喷雾瓶、大理石、塑料高尔夫球、线轴、地毯的碎片、棉花、毛线。

可供涂染的物品

↬ 纸、盒子、油布、布。

↬ 石头、贝壳。

↬ 树木、小树枝、砖、瓷砖。

↬ 玻璃、镜子、金属罐、瓶子。

↬ 包、盘子、篮子、托盘、平底锅。

↬ 身体、手、脚、脸。

(153) 和变化有关的活动

幼儿常被那些可操纵、改变和变形的材料及活动吸引。幼儿通过感官了解世界。所以，对于那些多感官参与的活动，他们往往十分着迷。通过这些活动，幼儿可以观察、预测，提高解决问题的能力。他们借助适宜、可动手操作的方式了解科学、物理、化学和数学的世界。教师可以适度挑战自己对想法的容忍度以寻求一些变化，并与幼儿一起设计可让他们参与其中的和变化有关的游戏。

"魔法药水"

为传统的玩水区和沙盘增添一些新意。教师提供各种有趣的材料，当幼儿混合或摇晃这些材料时，这些材料会发生改变和变化，也会让幼儿兴奋不已。教师可以在木盆或感官桌放置一些玻璃水瓶、容器或器皿，让幼儿将以下材料混合起来，坐在一边观察。

◁ 面粉和水混合，变得像胶水一样黏黏糊糊。

◁ 生面团和酵母和在一起，生面团膨胀变大，而且很好闻。

◁ 醋和苏打水混合，冒出烟雾并发出嘶嘶声。

◁ 热牛奶、食用色素和肥皂水混在一起，会"魔法"般地旋转。

◁ 玉米淀粉与水混合，变成滑腻的物质。用手捏它时，它会凝固；松开手时，它又会变成水滴。

◁ 胶、水和硼砂混合，变成一种脂肪似的物质。握它时，它会伸展；吹它时，它会起泡泡。

◁ 把岩盐倒在用色素装饰过的冰块上，多彩的冰块会变成彩色的冰洞。

154

◁ 普通的土与水混合，变成好玩的泥巴。

对生命周期的观察

季节的自然更迭和世界上各种生物的繁衍都是精彩的变化过程。教师可以和幼儿一起观察，在幼儿园的活动中多给幼儿提供观察生命循环的机会，可以和幼儿一起在花园、社区中寻找这些神奇的变化。

◁ 从鸡蛋中孵出的小鸡。

◁ 从厨余废弃物到花园里的肥料。

◁ 和幼儿一起在花园里种植一些植物，观察植物从种子到开花、结果，最后变成肥料的过程。

◁ 观察记录某位妈妈的怀孕过程。

◁ 让幼儿从家里带来记录自己成长的图片（从新生儿到现在），设计一个可以测量和记录幼儿身高和体重变化的图表。

◁ 观察毛毛虫从作茧到化茧成蝶的过程。

◁ 建立一个特别的观察和记录季节变化的环节：记录光线的明暗变化，记录

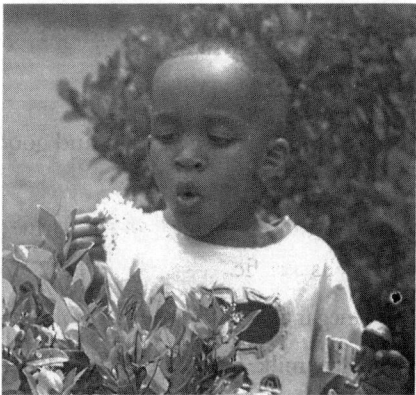

温度的变化和人们衣着、日常生活的不同，从大自然中收集反映这些变化的物品。

技能的学习

当幼儿对表现自己的想法和经验感兴趣时，他们就需要掌握更多的技能。幼儿也可能会寻求帮助，了解怎样使用工具去实现想法。

在向幼儿传授技能的过程中，许多教师对自己扮演的角色并不确定。一些教师想在幼儿表露兴趣之前就教给他们一定的技能或为这种技能的学习创设一个有意义的情境，而这些常会引发幼儿的沮丧和失败感。另外一些教师完全不教授技能，他们认为，采用以儿童为中心的方式就意味着不需要任何直接的教学。事实上，幼儿如果没有技能去实现想法，也同样会有沮丧和失败感。

当幼儿准备学习时，他们就像学徒一样，需要一个导师或教练。为了培养技能，一些有益的指导、示范和任务分解都是适宜的教师干预方式。幼儿有时也会发出一些请求帮助的信号，教师对此要保持一定的敏感，而这些时候也是教育的最佳契机。

阅读以下案例，想一想，教师应如何对幼儿作出回应？

◁ 罗伯特（Robert）用橡皮泥把一条狗的各部分都做了出来，包括身体、四肢和头。现在，他遇到的挑战是如何把这些部件粘在一起，让这条狗站起来。他问教师威廉姆斯："你可以帮我粘好这只狗吗？"

◁ 瑞贝卡（Rebecca）告诉教师："我想要画一只蝴蝶，你能帮我吗？"

◁ 马萨耀（Masayo）用积木搭了两座高塔，她现在想用一座桥来连接这两座塔，但是每次尝试的时候，塔总会倒塌。马萨耀看着教师："你可以帮我弄好这座桥吗？"

幼儿教育的黄金法则之一是鼓励幼儿自己的事情自己做，其潜在的目的是通过让幼儿独立完成一件事情，培养幼儿的成就感和自豪感。教师常被告诫不要提供样板让幼儿去机械模仿，这样幼儿也不会因与成人对比而觉得自己不够努力。然而在上述的案例中，当幼儿提出帮助的请求时，若教师还遵循这些规则，就会错失幼儿发展的契机。

罗伯特需要别人的帮助，才能把狗的身体部件黏合在一起。他绞尽脑汁才独自构思出这么一个形象。此时，教师不应让幼儿感到气馁和沮丧，而是在幼儿有需要的情况下，通过提问、引导、给予建议和直接动手等方式帮助幼儿。如教师可演示如何黏合其中一个身体部件，然后让幼儿完成其余部件的黏合。

瑞贝卡也许知道蝴蝶的样子，甚至也知道自己要画一只什么样的蝴蝶。教师可以评估幼儿努力的程度，然后通过提出探索性问题和建议帮助幼儿完善想法。同样，瑞贝卡通过翻阅带有蝴蝶照片和绘画的绘本或杂志，也能从中受益，教师可以帮助她更清晰地构思自己要画一只怎样的蝴蝶，可以示范如何使用画笔。这样，瑞贝卡就可以完成一幅自己想要的蝴蝶画。

对于马萨耀，教师也可以通过一些问题和建议，帮助她分析搭建积木的时候会发生什么事情，这样教师可以了解问题的症结所在。这些指导会让她思考一些其他的方法来搭建桥梁。

在每一个情境中，教师只有通过仔细观察和分析幼儿试图努力达成的目标，才能提供有效的帮助或指导。列维·维果斯基（Lev Vygotsky）说过，教师的行动可以成为一个支架，在幼儿完成他们还暂时能力不足的任务时提供帮助。

案例分享 1

　　阅读下面安·佩罗的故事，注意她是怎样认真对待幼儿的想法的。也许其他教师会觉得幼儿的想法毫不现实或没有价值，对幼儿的想法也视而不见，但教师安却抓住这些想法并付诸行动。她将教室环境布置得丰富多彩，邀请幼儿家长参与活动，不断寻找可利用的更多资源。在她十年后写的反思笔记后记中，安描述了这个主题如何成为她专业发展的转折点，而且伴随着成长，主题计划开展又有何变化并有怎样不同的决定。

我们的幼儿园不公平：一个关于生成课程的故事

（讲述人：安·佩罗，幼儿教师）

　　在一个秋天的早晨，经过之前几天关于蒸汽挖掘机和普通挖掘机区别的激烈讨论后，我们全班 9 名 4 岁多的孩子决定去图书馆，希望在那里可以找到问题的答案。在回幼儿园的路上，每个人的怀里都抱满了关于建筑的图书。经过一个教堂时，我们看到教堂的路边有一个画着轮椅的停车位标志。其中一个孩子问这个标志是什么意思，为什么它会在那里。为了回答他的问题，我们一起察看教堂的情况，发现进入教堂的其中一个门旁边矗立着同样有轮椅的标志牌，这个门与其他门的不同之处在于它没有台阶。于是，我们总结出那个矗立着轮椅标志的门是专门为无法上台阶的残疾人士准备的。孩子们也最终明白，画有轮椅的标志的停车位是表示专门为无法使用台阶的人保留的停车位。

在讨论教堂和标志时，一个孩子提出了自己的想法："我们幼儿园（在另一所教堂的楼上）不公平，因为有太多楼梯。"另外一个名叫苏菲（Sophie）的孩子告诉我们，她的继父坐在轮椅上，因此他无法进入学校接她或看她。她也告诉我们，她家里修了一个坡道，供她继父使用。于是有几个孩子也大声说："我们学校也要建一个坡道！"

我们站在人行道上，每个人都抱着重重的书，虽然已经错过了午饭时间，但每个人的脸上都浮现出兴奋和坚定的表情。孩子们的热情让我专心听他们的讨论，最终让我决定与他们一起在幼儿园建一个坡道。其中一个孩子说："我们必须认真考虑这个问题。"我会和他们一起共同努力，在幼儿园建一个坡道。

从回到幼儿园到吃完午餐这段时间内，我们把建坡道所需做的事情列了一个清单。我鼓励孩子们思考在真正实施项目前要具体考虑到每个步骤。不一会儿，孩子们午休的时间到了。我深吸一口气，回想刚才发生的事情，我和孩子们好像即将开始一个新的"旅途"。在这个"旅途"中，我的责任包括两个看起来相反的任务：（1）留意倾听孩子们讨论的内容，观察了解他们的兴趣、原有技能、问题和已有知识，对我听到的和看到的作出回应；（2）引入新的想法，启发孩子探索，带领他们涉足新的领域。在这两方面，我需要进行不断平衡。回应与参与孩子、跟随与引导孩子，这些都是生成课程带给我的挑战。

利用当日午休时间，我给每个孩子的父母都写了一封便笺，说明我们正在做的事情。我开始与同事、园长和幼儿园的教研员沟通、交流，让他们了

159

解该生成课程的焦点是"通行的便利"。我希望得到相应的资源、想法和支持去完成这个项目。

同时，我在中心以"无障碍通道/坡道工程"为题，草拟了一个课程网络，这个网络使得在跟随与引导孩子的过程中，将遇到的挑战具体可见。我知道，如果我们的项目要能不断回应孩子的发现、问题和热情，那么这个初始的网络图就不应作为本月的课程计划，相反只能作为我提炼思路、分析教学具布置的思考线索，也可为项目实施带给孩子和家长的惊喜提供准备。在思考生成课程的过程中，我更多地把初始的网络图看成斜坡工程开展的指南，用来提醒自己"为……做准备""要花些时间在……""带……一起"，而没有将网络图当作标上红点的地图一样，一成不变或循规蹈矩。

我还准备了一些建构坡道所需的材料，如可供排序和分类使用的螺钉和螺母、斜坡状的积木、关于建筑的书和坐轮椅的玩偶。我还借了一个真正的轮椅，上面坐着一个玩偶人。这个轮椅使得我们去思考教室内的无障碍通道问题。孩子们在每日活动中，都让轮椅和玩偶加入进来。他们开始察觉有它们参加的活动与以前的活动有哪些不同。在活动中，他们也使用轮椅，并发现坐在轮椅上无法够到教室书架的最低一层。他们还试着坐轮椅到盥洗室，结果发现无法通过盥洗室的门。于是，我们重新调整教室的布局，在计划中增加了盥洗室改造这一项。孩子们希望坐在轮椅上的玩偶卡梅拉可以和他们一起吃午饭，但因为午餐室在楼下，它每天只好独自留在楼上——孩子们对这个项目的热情日益高涨。

随着项目的开展，我邀请家长参与我们的计划，他们可以提供资源与时间，或者将自己的兴趣融合到项目中。其中，有几名当建筑师的家长还带来了建筑图纸，这些图纸在教室中很快传开了。孩子们一边集中精神观察这些图纸，一边把图纸中的内容整合到自己的建筑绘画中。最近刚装修完房子的家长带来了一摞显示装修进程的照片，另外一名家长的阁楼正好要重新布线，所以邀请我们去参观。

邀请家长参与的过程十分艰难，这也体现了瑞吉欧文化与欧美文化的差异。我们的幼儿园处于欧美文化区，这里的家庭都较为富有，许多人从事专业工作。请家长阅读教师发的通知，倾听教师的计划并提供资源，放下工作一起去旅行，或者邀请教师去孩子家，让他们从只接送孩子转变为社区活动参与的一员，这些都需要付出努力。对我来说，原本自己是教室中唯一的成人，现在却要放下这种角色，让家长们参与进来，有时还需要改变自己的想法，做到真正欢迎家长的参与。这一切也都需要教师付出努力。

幼儿园和教堂有些地方是共用的，因此，项目之初，我和孩子们就与教堂人员进行了沟通。孩子们口述了一封给建筑委员会的信，解释"我们幼儿园是不公平的"，希望修建一个斜坡便于残疾人出入，这样可以使得幼儿园更公平。委员会的主席会回复我们说，几年前，教堂已经探讨建斜坡和轮椅通道的可能性，但他们发现所有支出和重新装修的费用远远超出所能承受的范围。尽管他们之前决定不再修建斜坡，但我仍请求教堂支持我们教室里的"工程"，用行动支持孩子的学习和经验。在面对教堂严谨的决定时，我感到胆怯和退缩。但同时，我内心又十分坚定地想要推进项目实施，维护孩子们想要尝试的权力。最终，教堂委员会同意派一个人与我们班的孩子见面，教堂委员会也赞同我们的计划。

经过努力，孩子们开始练习使用各种建筑工具。他们花很长的时间在工作台上，熟练使用锤子、锯和钻等工具。孩子们在搭建积木时也开始学会用模型和图纸，并用图纸来指导自己的工作。我邀请了一位建筑专家前来学校指导，她提醒孩子注意斜坡的坡度和长度。

在计划实施的几周里，我们推着轮椅去走访邻居。我们去苏菲家，苏菲的继父让孩子们坐在轮椅上，体验在家里的坡道上把轮椅推上推下的感觉。我们绘制了他家的斜坡草图并精心制作了模型，以便返校后在我们的项目中使用。经过对周围邻居的多次拜访，孩子们看到人行道没有斜坡通道或相关提示时，会感到很沮丧，他们对这种不公平的现象十分敏感。孩子们的热情又促使我们建议人行道的修建者要建更多的坡道，而我们的确这样做了。孩子们口述了一封信，我们一起寄给城市工程管理部门，这封信促成了孩子与工程管理部门一名工程师的对话，而这位工程师具体负责人行道的安全设计。这一行动起初并没有出现在我的课程图中。然而，在项目过程中，孩子们给我带来了这份惊喜。孩子们的信引起了城市安全工程师的重视。她多次来访，几个月后还组织我们去邻近的街区参观一个正

161

在修建的坡道。在参观过程中，孩子们积极帮忙安放坡道的设施，帮忙把刚倒上的水泥抹平。在后来的日子里，孩子们常把这个坡道称为"我们的坡道"。

在整个项目的实施中，我拍了许多照片，并把孩子们给教堂、城市规划部门和他们的父母的信件做了备份。我还把孩子们的谈话录下来，转换为文字记录。随着项目的发展，我想制作一本记录整个项目和班级历史的档案，于是用图片、文字和录像等手段仔细观察、倾听孩子，并且立足于他们的关切、热情和理解而逐渐生成计划。孩子们把这些记录的资料当作整个项目的参考，并且经常拿出来翻看，与他人分享书中的图片以及书信的故事。

我们最后没有在校园里建成坡道，教堂委员会之前的建议是正确的，因为整个重新装修的费用远超过我们的能力所及。在某种程度上，我仍觉得我们的计划没有成功。

"瑞吉欧的学校会建这个坡道。"我对自己说。尽管我知道我们的幼儿园与瑞吉欧的学校有很多不同。

然而，这个项目依然有多方面的成功。我在挑战中学习，并且知道了给自己的学习留出时间和空间的价值。开始工作时，我真诚邀请父母参与班级生活。后来四个月的计划让我确信：倾听孩子的声音是课程计划最好的向导。正是这个向导引导我们从最初对于建筑机械的热烈讨论转变成为为改善不公平现象的努力。正是孩子们致力于使我们学校变得更为公平的热情、兴奋和投入，使得这个项目能够成功。也正是由于我们对孩子们表现出来的热情和兴趣的尊重，仔细倾听孩子的心声和认真计划，才使得这个项目带给了我们成功的喜悦。

在那一年，孩子们的表现让我不断感受到项目在他们生活中的分量：用积木搭建的每一栋建筑，绘制的每一座房子，认真设计的无障碍斜坡通道。之后，我们每一次外出参观游览，孩子们都会关注残疾人的停车位。看到残疾人停车位被人不当地占用时，孩子们会表现出生气和愤怒。在孩子们升入学前班后，我还不断地收到学前班教师和家长的来信。在来信中，他们时常提及孩子对公平问题的关注，尤其是残疾人通道问题，而且他们也在表现出为公平而要身体力行的坚定信念。

2010 年后记：回顾与展望

十多年以后重新回顾这个故事时，我意识到正是自己对这个斜坡工程进行的一年多探究，才使我坚定地走上教师发展之路。对我来说，它一方面使得我致力于对孩子进行社会公平的教育，另一方面又在瑞吉欧方法的引领下注重生成性教学。自从那次探索后，我把这两条"线"拧成一股"绳"，珠联璧合地形成了自己教学实践的核心。

在当时的斜坡计划中，我收集便笺、图片和孩子们的工作记录，把他们编辑成一本讲述探索过程的图书。这个经验让我尝到做记录的好处。多年以后，观察记录成为我的教学核心工作。它不仅是一种讲述教育活动故事的手段，更成为我规划课程的方式。

在斜坡工程中，我体验到反馈式生成课程最令人兴奋的部分，即一步一步的计划，每时每刻的生成，一个经验一个经验的探索。记录孩子们谈话的便笺、体现孩子工作的照片和足迹，为我决定给孩子提供哪些经验和材料提供了指引。自从开展这个计划后，我在自己的教学生涯中，形成了这样的坚定信念，即观察记录是思维过程的体现，同时也是生成课程的支柱。

项目开展至今，我的思维方式在许多方面有了拓展。以前我总是退缩，甚至还不知道苏菲的爸爸坐在轮椅上。早年的教学生涯中，我总是小心翼翼地保持和孩子家庭的距离，把教室看成我的私人领地。在新学年第一周开始斜坡工程时，我关注的是在孩子面前树立一个教师的权威。我向每个家庭发出信件，向他们介绍我的教育背景、教育理念以及表达自己对家长参与的期望，但是我并未因此与孩子家庭建立起真诚沟通交流的联系。很显然，我错过了许多关于孩子生活的有意义的学习。

项目开展以后的几年里，我有意识改变自己的思考方式以及和家庭合作的方式。在有关斜坡项目的故事里，我这样写道："对于我来说，原本自己是孩子教室中唯一的成人，现在却要放下这种角色，让家长参与进来，有时还需要改变自己的想法，做到真正欢迎家长的参与，这一切都需要付出努力。"事实证明，这样做是十分正确的。之前，我在自己与家长之间设置了障碍。随着时间的推移，我开始意识到，只有消除自己与家长的这些障碍，才可能更深入、真切地了解孩子。为此，我应该更为投入。现在，我与家长的交流已远远不只是分享教室里的活动信息或陪伴孩子到野外活动，我们之间的关系已经深入到交流彼此对孩子活动与游戏的反思，共同规划反馈式幼儿园课程。

我的思维方式的另一个重要转变是对于课程计划本身的关注。项目中，我很快决定与孩子们一起开始斜坡工程："没错，让我们开始建一个坡道吧！"我们一起全力了解建筑的元素，但当时由于进程太快，以至于错过探寻社会公平的机会。如果是现在，我会立刻问一个更大一些的问题："是什么使幼儿园变得公平或者不公平？""我们如何知道对于使用轮椅的人来说，什么是公平的？"为了把孩子们对于公平问题的热情提升到更广泛的内容层面上，我会联系关注残疾人权利的社会活动家，与他们一起积极参与社区活动。我会与为我们提供校舍的教会密切沟通，除了告诉他们"我们要建一个坡道"之外，还会放慢脚步，静静地听教堂里人们的故事："前来教堂的人群中，有没有人坐轮椅呢？""他们是如何进出教堂的？"我要把关注点更多地放在人与人之间的关系和为公平所作出的努力上，而非只是建筑的结构问题上。

回顾这个故事，我感受到那时已经播下了现今教育实践和思维方式的种子。现在，这些种子已经生根发芽，这多么令人欢欣鼓舞！自从与孩子一起探究坡道项目后，我很高兴地意识到自己也发生了很大改变，对教学和孩子有了新的认识和理解。以往观察记录的种子已成长为反思式与反馈式的教学。生成课程的种子已经成长为对更广泛内容的深度学习，而非只局限于当前的主题。与家庭合作的种子已经演变为建立与家庭的开放关系。我想，如果再过十几年，当再次回顾这段反思经历时，我在思维和教学法上会发现更多的成长、更多的改变和更多的进步。

思考与分析

　　可以给教师安发邮件（APeloReflect@gmail.com），邮件内容包括她在进行课程调整时如何做到既尊重幼儿的兴趣，又坚持自己的价值观。建议围绕下列问题进行反思。

- 当教师安在十年后反思这个案例时，你看到了她的想法有哪些变化？
- 在"从儿童的角度看问题"方面，她获得了哪些新的认识？
- 她如何将反歧视的目标整合到课程体系中？
- 她如何与社区里的其他人合作，共同为满足幼儿兴趣而努力？

165

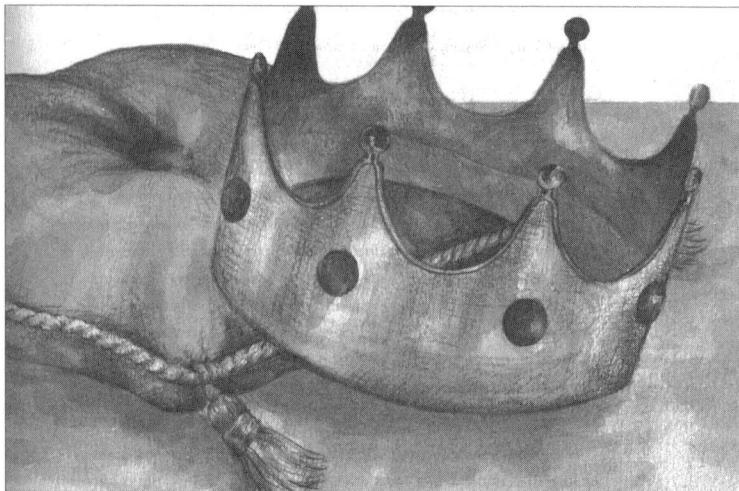

案例分享 2

与教师安·佩罗一样，教师露琪亚·莫妮卡·罗格斯也十分关注追随幼儿的想法。在下面这个案例中，露琪亚逐渐了解了幼儿与成人观点的差异。也由于她始终为幼儿着想，所以不断加深了自己对教与学的过程的理解。

166

公主的力量：我们的调查

（讲述人：露琪亚·莫妮卡·罗格斯，大学生兼幼儿生活教师）

这是一个了解如何为爱而教的故事。同时，我们也看到教师如何鼓励孩子独立思考，创造自己的世界。故事的发展并不是一帆风顺的。最初的时候，孩子对于公主话题有着浓厚的兴趣，而我却不愿听到这些讨论。在此过程中，我的观点和孩子的兴趣发生了冲突。为此，我重新思考我眼中的孩子形象，反思自己的教师角色，重新检视自己作为研究者、指导者和培养者的潜质。对于孩子的热爱与期待，促使我继续展开这个项目。

学会倾听

在幼儿园工作期间，我深深感受到许多孩子对公主这一主题的浓厚兴趣。我听到他们讲述王子和公主从此过着幸福生活的故事，看着他们玩迪士尼游戏。在他们的许多绘画中，我也看到了公主的形象。开始，我选择忽视或不太关注她们的这一兴趣。因为我觉得，班级活动应该有更深层、更广泛的主题。

然而，对于想法改变的转折点，我依然记忆犹新。那天，我们一起坐在餐桌旁，我听到女孩兴致勃勃地谈论公主的故事。

乔丁（Jordyn）："我想成为灰姑娘，你可以当白雪公主。"

艾米丽（Emily）："我不能当白雪公主！（她一边说，一边摸着自己的淡橄榄色的皮肤）她的皮肤像雪一样白。你也不能当灰姑娘，她的皮肤也是白色的。"

我竖起耳朵倾听孩子的谈话。我们班，尤其是班里的这些孩子们，每个人的皮肤都带有一些棕色。所以，我想他们可以扮演谁呢？如何建立他们的自我形象呢？

倾听孩子的谈话后，我开始扫视教室里的材料和玩具，思考这些材料和玩具是否可以代表孩子的身份。由于孩子们知道我以前不太愿意听她们谈论公主，所以他们唯一可选择的是购买各种玩偶性质的美女。现在，我想给孩子们提供一些不同的公主形象。为此，我细心挑选和布置材料，想让孩子们知道有色人种的女孩同样可以打扮得很漂亮。因为在市面上无法买到有色人种的漂亮公主，我只好自己制作美丽公主的形象。此外，我还为孩子们提供了绘画工具和纸张，让她们自己绘制公主形象。起初，有几个孩子接受了我的邀请，参与了这个活动。他们开始研究玩偶，还创作了一幅人物画。孩子们又讨论她的肤色，也讨论用哪些不同的颜色才能变化出自己想要的棕色。接下来的几天，为了研制出她们想要的美女颜色，这一组的女孩不断地做颜料混合的实验，这也是为了和她们自己的肤色相配。随着男孩和女孩最终调制并绘制出与他们肤色相近的公主形象，这一有关身份认同的主题浮现了出来。

学会合作

为了从其他的角度探究公主这一主题，我把观察和遇到的问题与同事一起分享和讨论。通过交流，我们发现学校里也有其他孩子和教师对公主话题感兴趣。于是，我们在正式和非正式的各种聚会场合分享彼此的观点。在交流过程中，我意识到这个主题存在多种可能性。我们畅所欲言，集思广益，梳理了对孩子细致的观察记录，也分析了孩子表达公主主题的多种独特方式，包括讲故事、绘画、黏土、涂画、信息分享、戏剧表演、积木游戏等。通过研讨，我们构建了一个概念图，虽然其中满是各种问题和想法，却成为引导我们前行的指南。

我们班每两个月开一次家长会。家长会上，教师会与家长分享对孩子的观察及一些看法，同时介绍接下来的主题计划。家长会是了解家长想法的良机。有些父母表达了他们对于开展公主主题和其他商业文化主题的看法，也分析了这一探索过程与学习的关系。虽然教师与家长在价值观上存在一些冲突，但我们建立的与家长的良好关系使我们能齐心协力进行开放、坦诚和深入地沟通。我把对孩子们故事的记录用于与家长的对话和沟通，使家长了解我们的想法，认识到对公主主题的探究会引发孩子的学习，而且孩子还能从中得到更深层次的启发。一位家长如此评论：

"当我刚知道我女儿玛德琳（Madeline）在克利夫顿（Clifton）幼儿园将与她的同学和老师共同探索公主主题时，我当时有些失望。我想让玛蒂（玛德琳的昵称）成为一名独立的思考者，不必等着王子去拯救她。我希望她可以读一些有关坚强、能干的女性的图书。但是玛德琳却非常喜欢公主，她对这个主题可谓百玩不厌。"

"我拜访了克利夫顿幼儿园，仔细观察了公主主题的记录，这些记录已经装饰在玛德琳班级的墙上。墙上的图画和照片有的是年轻公主，有的是年老的公主，其中还长了一些斑点。我还看到了他们关于现代王子和公主故事结局的谈话记录。那时，我意识到我和我的丈夫所做的和我们真正应该做的背道而驰，因为我们一直在家里禁止孩子玩任何与公主有关的活动。实际上，这个主题其实涉及的并不只是公主，而更多的是引导孩子破除刻板印象，建立一个现代女性新形象，让她们为自己的肤色感到自豪。"

通过与家长和同事的交流，我们一致认为有必要深入认识孩子们对公主的看法。我主动承担起这份工作，认真分析孩子与公主主题有关的各种想法，这不仅是了解幼儿兴趣的开始，也是我主动承担的挑战，更需要我从不同的角度深入分析问题。为了让孩子、家长、社区更清楚我的目的，我做了如下陈述：

"我们的大众文化中充斥着童话中的公主、王子、城堡、骑士和龙。在大众媒体、图书、玩具、衣服等物品上，这些形象随处可见。孩子们表现出对这一主题的极大兴趣也就变得顺理成章。孩子们的兴趣明显表现在他们的绘画、游戏和积木城堡中。作为一名教师，我们应如何支持他们的兴趣，使他们不对流行文化趋之若鹜，又保有自己的主张？孩子如何用故事来表达自己的兴趣？他们如何定义美？他们有怎样的性别角色概念？为什么孩子们会被公主所吸引，是因为权力还是因为名望？"

了解孩子对情感的认识

通过头脑风暴的讨论，我们分析了多种可能性，最终必须作出选择。对于孩子们怎么看待一个人的外表与其行为的关系，我们十分好奇。孩子们往往会觉得，长得像公主的人是美丽的，这些人也必定是善良的和纯洁的。那些被认为是丑陋的人，如恶毒的继母，就会被看作邪恶的。我们也注意到，即便是愤怒和沮丧等再正常不过的情感，也被孩子们视为受人唾弃的。

艾米丽说："她们（公主）从来不会生气，她们十分善良和美丽，所以她们忘记了生气。"

林德赛（Lindsey）说："如果她生气，就不是真正的公主。"

引导孩子重新思考他们的观点

我们探索了一些方法，对孩子原有的思维提出了挑战。在讲故事活动中，我感受到孩子们对情绪和行为的刻板印象。所以，在一天早晨，我决定重新讲述《灰姑娘》的故事，并给出另一个结局——王子来到灰姑娘的房间，请她试穿水晶鞋。就在这时，灰姑娘发现这鞋并不合她的脚，她十分生气并且暴跳如雷。

孩子们惊呆了。

艾米丽说："我感到有点心惊肉跳！"

我们继续讲述公主故事的其他不同情节，如从灰姑娘的姐姐和王子的角度来讲述。不一会儿，孩子们就开始创编、表演自己的故事。

引导孩子探究并挑战对美的认识

为了更好地理解孩子对于美的感知，我们给孩子准备了各种杂志，然后让孩子告诉我们，杂志里的人"谁可以当公主"。我们注意到，孩子们在选择公主时，很少在意人物的肤色。但是，他们会把瑕疵、斑点、皱纹等上年纪的各种标志看成不好的和不迷人的。

卡梅琳（Camryn）说："她太老了，看看她眼睛周围的皱纹。"

乔丁说："她的脸上长满皱纹。"

由于孩子们认为脸上有皱纹和雀斑的女人不可能成为公主，于是，我找出了英国公主玛格丽特（Margaret）一生的一些照片，然后请一组小朋友观察。我让孩子们就"变老"这一过程展开讨论，但我并没有立刻就把所有照片都拿出来，只把玛格丽特公主婚礼当天的照片拿出来，放在桌上让孩子们观看。

卡梅琳说："她比任何一位公主都漂亮。"

接着，我又拿出了另一张公主稍微有一点变老的照片。

乔丁说："她换了衣服，她有一点变老了。"

卡梅琳说："她鼻子上有条皱纹，她开始变老了。"

教师露琪亚说："可你之前说公主是不会变老的？"

诺亚（Noa）说："是的，但是她们有时候会变老。"

我又拿出一张公主变得更老一些、坐在轮椅上的照片。这时，卡梅琳大笑了起来。

教师露琪亚问："你为什么笑？"

卡梅琳说："我笑她变老了。"

乔丁说："这是不对的！"

继而，大家都沉默了。

卡梅琳说："我们不能因为公主变老而嘲笑她们。"

乔丁说："那样可能会伤害她们。"

卡梅琳说："我们不能因为别人的相貌而嘲笑人家。"

我的感受与孩子们的收获

我们对公主主题的探究持续了一年，并且最终延续到对城堡的探索、对图书和戏剧的创编，甚至更多。在这个过程中，孩子们获得了新的知识和技能。但是，我观察到的最有意义的学习是孩子转变了之前对公主的刻板印象——一些公主不想结婚，一些公主会飞。孩子们画的也不只是童话中的公主形象，他们还画了一些怀孕的印度公主，这些公主披着莎丽，身上还绘有人体彩绘（mehndi）。孩子们在学习过程中源源不断萌发出来的新想法，让我感到无尽的快乐。我也感到自己对教与学的过程有了不少新的认识，拓宽了自己的思路，并且真正认识了教师的角色。我学会了即便在孩子提出的想法让人感到不悦时，也不能对其视而不见。在这个过程中，我学会了如何去激发幼儿深入探究和思考，而不是去贬低或纠正他们。

思考与分析

可以给教师露琪亚发邮件（RRogersReflect@gmail.com），围绕此问题表达观点：她是如何调整课程的，以做到既尊重幼儿的兴趣，又坚持自己的价值观。建议谈一谈自己对下列问题的看法。

- 她对自己有了哪些新认识？
- 她怎样利用环境和材料去拓展幼儿对主题的探索？
- 在"从幼儿的角度看问题"这方面，她学到了哪些新的观点？
- 她是如何与幼儿及其家长沟通，表达自己的价值观的？

实践运用 1

回应儿童引发的主题

为了更好地运用本章提到的观点和技能，请阅读下面三个案例并思考，哪个案例中的教师对幼儿的回应采用的是以儿童为中心的方法。

案例 1：萨曼莎（Samantha）活动案例

萨曼莎正在木工区游戏，她用钳子钳住一块木头并量了量，然后用锯锯出一块约 6 英尺长的木头。随后，她又用刚锯下的木头比量着锯下一块等长的木头。接着，她把两块锯下来的木头叠放在一起，然后一只手扶着两块木头，另一只手拿锤子从上面的木头往下敲钉子。她每敲三四下就停下来，然后扶正偏移了位置的两块木头。当发现钉子无法把两块木头连接起来时，她离开了木工区。再次看到她回到木工区时，我们发现她正拿着一瓶胶水。她用胶水把两块木头粘在一起，然后在木头的四周粘上一些泡沫塑料。

1. 萨曼莎的游戏过程呈现出哪些明显的发展主题和领域学习特征？基于你的观察，请描述萨曼莎使用的学习方法、探究的想法以及在游戏中使用的技能。

2. 思考教师在以下每一种回应中应扮演的角色。在评价教师可能作出以下五种回应前，请你思考两个问题：对于这一回应，萨曼莎有什么感受或解释？这样的回应有助于教师更多地了解萨曼莎吗？

（1）教师说："哦，你做的车好棒呀。"

（2）教师说："你测量和锯开木头时，我看到你用钳子固定木头。你为什么觉得这样锯木头更容易？"

（3）教师说："在艺术区有一些颜料，你想要给你的车涂上颜色吗？"

（4）教师问："一个车需要几个车轮？"

（5）教师站在后面看接下来萨曼莎会做什么。

3. 你最喜欢上述哪一种教师的回应方式？

分析讨论

你是否注意到，教师在第（2）种回应中使用了描述性语言，此外还有一个与之相关联的问题，与幼儿兴趣相关。其他的一些回应，如（1）（3）（4），都显得琐碎而简单。而对于最后一个回应，你需要思考，什么时候才适合教师默默地观察呢？教师如果有目的地观察幼儿，就会收集更多材料，并运用在后续的课程计划和适宜的干预方案制订上。

案例2：马里奥（Mario）活动案例

马里奥正沉醉于玩沙区的活动。他把沙子装入一个小瓶子中，开始是用手当勺子来装，后来改用杯子。接着，他把这个小瓶子倒过来，当作勺子用。现在，他又用漏斗当勺子。于是，他发现沙子可以分别从漏斗的两端流出并进入瓶子。

1. 马里奥的游戏过程呈现出哪些明显的发展主题和领域学习特征？基于你的观察，请描述马里奥使用的学习方法、探究的想法以及在游戏中使用的技能。

2. 思考教师在以下每一种回应中应扮演的角色。在评价教师可能作出以下五种回应前，请你思考两个问题：对于这一回应，马里奥有什么感受或解释？这样的回应有助于教师更多地了解马里奥吗？

（1）教师拿起一个更大的漏斗问："哪一个漏斗更大一些，你的还是我的？"

（2）教师捡起一个漏斗，试着像马里奥一样使用，她想："如果我像马里奥那样使用这个漏斗或容器，马里奥会把他的游戏过程告诉我。"

（3）教师对马里奥说："请找到两种把沙子装进瓶子的不同方法。你觉得较好的方法有什么特点？"

（4）教师说："马里奥，你在做生日蛋糕吗？"

（5）教师说："马里奥，你为什么不把沙子倒在卡车上，然后把它埋起来呢？"

3. 你最喜欢上述哪一种教师的回应方式？

分析讨论

教师的第（2）（3）种回应顾及了马里奥在玩沙区的兴趣。教师自己的想法和兴趣对幼儿来说没有任何意义，如在（1）（4）（5）中的教师回应。教师如果能跟随幼儿的脚步，就会影响回应幼儿的方式。

175

案例3：拉托娅（LaToya）的活动案例

拉托娅在角色区旁走来走去，她正在看其他同伴玩美容院的游戏。看起来，她也想加入游戏中。她手里拿着一个钱包和一些卷发器，看着美容院女郎正在为坐在椅子上的女孩美发。

1. 拉托娅的游戏过程呈现出哪些明显的发展主题和领域学习特征？基于你的观察，请描述拉托娅使用的学习方法、探究的想法以及在游戏中使用的技能。

2. 思考教师在以下每一种回应中应扮演的角色。在评价教师可能作出以下五种回应时，请你思考两个问题：对于这一回应，拉托娅有什么感受或解释？这样的回应有助于教师更多地了解拉托娅吗？

（1）教师对其他幼儿说："拉托娅也想玩，你们为什么不友好地邀请她和你们一起玩呢？"

（2）教师自己想："如果我的手里拿着钱包和卷发器，我可能会说：'嗨，我也想弄一下我的头发。'我应该继续等在这里，看拉托娅是继续观察别人游戏还是加入他们的游戏。"

（3）教师说："我看到你手里拿着钱包和卷发器，你是不是想要给布娃娃美发呢？"

（4）教师说："拉托娅，角色区只能进四个人。在没有人出来之前，你得去其他的地方玩。"

（5）教师说："嗨，美容院女郎，还有一位预约的客人在等你呢。"

3. 你最喜欢上述哪一种教师的回应方式？

分析讨论

教师第（1）种回应没有为拉托娅加入游戏提供必要的帮助。教师的另外三种回应，如（2）（3）（5），既为拉托娅加入游戏提供了帮助，同时又为她自己加入游戏过程预留了空间。第（4）种回应的关注点在于规则，而非幼儿本身。教师为幼儿提供辅导，既为观察幼儿提供机会，也鼓励幼儿参与，与此同时又允许幼儿有一定的自主性，尊重了幼儿自己的喜好和意图。

实践运用 2

主题设计的反思与记录

在课程设计过程中，请你对主题的运用进行反思，可以从以下的问题入手。

1. 回顾前几个月的课程，你所设计的课程是否为幼儿设计了发展性主题，抑或仅是时下关注的一般主题？

_____

_____

_____

177

2. 你想作出哪些转变？

_____

_____

_____

3. 你的下一步计划是什么？

_____

_____

_____

_____

第六章

知识学习与智力发展

(179) ## 自我反思

回想一下让你兴奋不已的学习经历。或许那时的你坐在奶奶腿上，听她一遍又一遍地读一本你喜欢的书。或许那时的你正扮演一名科学家，在玩泥巴。或许那时的你正着迷于院子里的小虫子，如同生物学家一样细心观察。或许你还记得小时候过生日的那天晚上，自豪地点数生日蛋糕上的蜡烛……

请将自己记忆中类似的经历记录在下面。

_____

_____

_____

_____

_____

(180) 现在回顾自己入学后的经历。学校带给你什么，使你变得日益渴望学习？哪些经历又销蚀了你的学习热情？

_____

_____

_____

_____

_____

_____

_____

_____

和别人分享这些经历，看看他们的经历是否与你的类似？这些早期的学习经历如何影响你从事的幼儿教育工作？

_____

_____

_____

_____

_____

_____

_____

_____

在某种程度上，传统的入学准备观念侧重于让幼儿为适应学校生活而做好各种准备，而不是让学校为幼儿做好准备。家长、教师、管理者和政策制定者都希望幼儿能迅速成长为对社会有用的人。但如果仔细观察和倾听幼儿，你会发现他们其实已经做好融入世界的准备，而且热情地渴望学习。他们充满活力，思维活跃，想象力丰富，渴望探索和了解周边的世界。他们渴望学习，渴望展现他们的能力。那么，我们该如何为幼儿做好这些准备呢？

葛萝里娅（Gloria）觉得在幼儿园有很多好玩的事情。今天，她和新结识的朋友拉乌尔（Raoul）不停地重新排列地板上的一堆木块，而且不停地告诉拉乌尔，她是怎样在月球上建造城市的。她要把这个城市建得很好，"太空船这样才能有安全着陆的地方"。她用手划过已变成大型正方体的一堆积木，然后侧着脸瞄了一下，让视线和地面保持水平。她说："还不行，有些边角可能会倒下来。我还需要量一下。"这时，教师瑞贝卡突然叫葛萝里娅到美工区制作一本字母表的书。葛萝里娅真希望自己不离开月球城和她的新朋友拉乌尔，拉乌尔似乎也很想和她玩。但葛萝里娅已经是第二次被教师叫。但如果不得不离开积木区的话，她宁愿是去吃东西或者去找一些有月球图片的书。但是，教师昨天就告诉她今天的活动计划，因此她也知道现在不是玩积木的时间。最终，葛萝里娅走到美工区，快速地将图片粘到教师给的有字母的纸上。随后，教师说："现在你能用自己的书唱字母歌了。"

若能听见葛萝里娅内心的想法，我们可能会听到："我已经会读字母了，它对我来说已经没有什么意义了。"

"幼儿园"和"开端计划"这些词汇都表明，幼儿需要一种群体环境。在这种环境中，幼儿在成人的辅导下，为今后的学习和学校生活做好充分准备。脑科学研究表明，幼年期是个体各方面发展的开始，涉及身体、语言、社会、情感和认知等。我们知道，在信任、尊敬的互动关系中，幼儿不仅能得到最好的发展，而且也会觉得自己具有很强的学习能力。在尊重幼儿的努力，帮助他们享受当下生活的同时，我们应该怎样引导幼儿获得在学校和未来生活中所需的各种技能呢？

为儿童进入未知世界做准备

美国歌手汤姆·亨特（2008）写过这样一段歌词：

世界变化太快，我们不明白。
考试不是孩子的未来，它只不过是用孩子的一生做赌注。
孩子进入未知的世界，我们应该做些什么？
只要我们努力，孩子会成为他想成为的那个人。

汤姆的歌词提醒我们：世界变化太快，我们需要思考如何为幼儿的未来生活做准备。对于教师来说，这真是个挑战！汤姆的方法是我们需要教会幼儿成为他们自己想成为的那个人，让幼儿顺其自然地发展。幼儿需要教师的指导，帮助他们建立正确的认知，树立积极的价值观，成长为有责任感的社会公民。一些教育学者也指出，为了能让幼儿成功地适应学校和未来生活，我们要精心设计幼儿园课程，通过问题解决的方式促进幼儿思考。研究表明，教师的重要任务之一，就是在教育中培养幼儿的良好品性和学习方式。

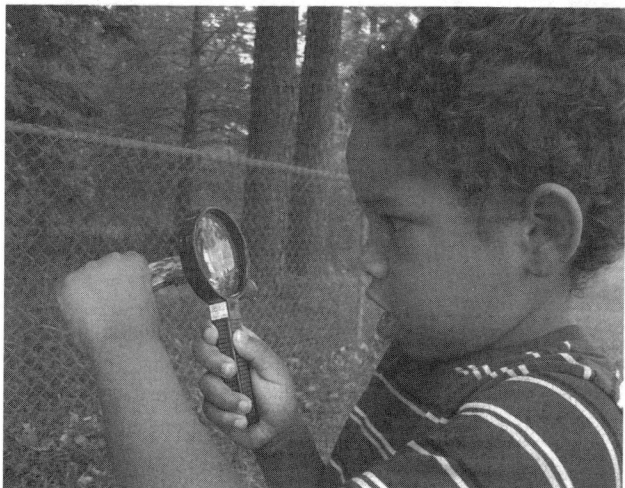

关注幼儿的学习方式

幼儿是天生的学习者，但他们的内在学习动机却需要不断得到强化，这样才能成为终身学习者。幼儿从婴儿期就开始渴望学习。为幼儿对学习的渴望提供支持，应该成为幼儿一日生活的重要组成部分。幼儿进入幼儿园后的学习经历应该充满乐趣，而不应让幼儿感到害怕或枯燥、无聊。教师要留意幼儿对学习的渴望，并且在一日生活中保护和激发幼儿对学习的热情。教师可将读写、数学、科学等相关内容嵌入幼儿的一日生活中。这些内容不是通过分科式的课程教授给幼儿的，而应是渗透在幼儿的游戏、饮食和活动、过渡等环节中，让幼儿自己去发现，并在活动中自我提高。请你根据下面的问题，将工作中的相关案例记录下来。在对幼儿充满很多有趣味性选择的环境中，你只需花些许时间就能列出若干促进幼儿学习的各种指标，而这些则是促进幼儿成功适应学校学习和未来生活的基础。从婴儿一直到6岁的不同年龄段，你都会从幼儿身上看到这些指标的具体体现。

184

🔖 什么迹象表明幼儿产生了学习的动力？

🔖 幼儿的哪些行为表明他在进行持续、有效的学习？

🔖 什么迹象表明幼儿是一个灵活的问题解决者？

🔖 什么迹象表明幼儿能够忍受挫折或延迟满足？

🔖 哪些行为表明幼儿具有计划、专注和保持注意的能力？

如果教师观察到幼儿具备了这些学习能力，那就说明幼儿已经可以接受更直接的教师指导。这种指导有助于幼儿掌握更广泛的概念及更具体的技能。这些概念和技能的学习又有助于幼儿实现自己的目标并取得未来的学业成功。在指导过程中，教师要让幼儿感到学习有意义且充满乐趣，并能强化幼儿自身的良好品性。

关注智力发展，而不仅强调知识学习

丽莲·凯兹（2008a）对学业学习和智力发展进行了区分。她指出，学业学习侧重的是从整体情境中抽取出零碎信息，在教学过程中强调的是记忆或背出正确答案。与之相反，智力发展则强调充分激发个体的心智（2008b），包含从美学、道德敏感性到思想探索、推理、调查等所有的一切。当然，知识在学习过程的某些环节上的确具有重要地位，但是我们希望幼儿成为积极主动的学习者，而不只是消极被动的知识接受者，这就要求我们要帮助幼儿发现问题，把不同想法关联起来思考，从更宽泛的角度理解学习。

185

将学习标准与知识学习融入日常活动

美国越来越重视早期学习标准，这让信守儿童中心和游戏导向的幼儿教师一直犹豫不决。这些教师担心学习夺去幼儿的童年生活。朱迪·格拉夫（Judy Graves）和苏珊·麦凯（Susan MacKay，2009）从广阔的视角提供了问题解决的思路。换个角度思考，我们会发现，制订这些标准的目的在于确保所有幼儿都能接受高质量的教育，无论他们的背景和家庭经济状况如何。

在这个信息技术驱动的世界，教育者有必要对学习的本质进行重新思考：当幼儿长大后踏入校园或步入成年时，什么对他们最有用？教师要让幼儿理解为什么阅读、数学和科学对他们将来有用？怎样在学习过程中思考？怎样收集信息？为什么多角度看问题是有益的？

幼儿需要有更多的机会了解有关学科领域的知识。我们在竭力保护幼儿的童年并致力发展适宜性教育，但还需牢记：如果采用积极探索和自主建构的方式，幼儿对学习内容同样充满渴望。和死记硬背相反，主动探索和自主建构更有助于深化幼儿的学习。教师也要更多地了解不同学习领域的思维过程、思考方法和学科内容，更要勇于接受挑战。

教师有时与幼儿是在同步成长，在某些领域，教师学到的知识也只是领先于幼儿几步。无论在教学过程中选择传授什么内容，教师都应该将重点放在教与学的过程中。在给幼儿上课或组织学习活动时，教师要充分结合幼儿的一日生活情境，通过游戏的方式组织教学，这样才有意义。

早期读写的学习与环境

多年来，幼儿园一直注重创设有丰富文字的环境，以此促进幼儿读写能力的提高。然而，我们却时常在教室中看到到处都散乱地贴着各种标签和符号，一点也不像现实生活环境。教师在为幼儿创设文字符号丰富的环境时，要不断反躬自问："若这种环境在现实世界中存在，我该怎么使它变得有意义呢？"如将姓名标签粘贴在尿布箱、房门、邮箱和各种物品上的做法司空见惯，但也有一定意义。可是，在现实生活中，你有没见过人们将物品标签粘贴在窗户、椅子、地毯等物品上呢？人们可能需要在出入处、浴室、调味瓶、冰箱吃剩的食物上贴标签，但决不会在家里的台灯、桌子和电脑上贴标签。那么，如何将家庭和生活中有用的标签转化为教室里有意义的标签呢？

一旦"文字丰富"变成了"文字过度刺激"，那么这些符号就失去了激发幼儿学习的价值，也无益于幼儿注意到这些标签与其代表物体之间的关系。

让幼儿浸入在各种符号中，并不能确保幼儿学习的成功。最近的研究结果将人们的注意力吸引到从婴幼儿阶段开始就对个体今后学习成功有益的三个方面。

- 扩展师幼交流时的词汇。
- 为幼儿阅读图书。
- 提供重视阅读和享受阅读的榜样。

教师在环境创设、活动设计和与幼儿交流的过程中，其实已经涉及上述的三个方面。以下将会提供一些有意义的案例，希望有助于你迈出转变的第一步。

在日常活动中，教师要逐渐让幼儿认识到阅读和书写的作用，并让幼儿感受到读写活动的乐趣。这有助于幼儿积极参与读写活动，激发幼儿对增进精细动作技能与掌握读写常规的向往。

幼儿只有明白早期读写与解密符号密切相关，才会像热衷于"我是间谍"的游戏一样去乐于学习。

　　当幼儿发现写下来的内容可以重复阅读而且还能随时记忆时，他们慢慢地就会了解书面文字的功能和力量，而且愿意去掌握这一技能。当幼儿看到一些文字资料时，如班级花名册、菜单、家具说明书，教师可以告诉他们这些文字材料有何作用。教师可以告诉幼儿，在电脑上发送或编辑内容的各种功能，让幼儿直接感受书写文字的力量——它能够和别人交流思想、交换信息。

　　"我要找到写你名字的尿布篮。在这呢，它上面写着'R-i-c-k-y'。这些字母连起来，就拼成了你的名字，Ricky。"

　　"我要看看这份名单里每个人的姓名，这样就可以记住他们。"

　　"看看今天的午餐菜单上有哪些好吃的。"

　　"我想知道怎么把这些桌子拼装在一起，所以就看了它附带的图片和说明书。"

　　"我要给你爸爸发一封电子邮件，告诉他，你今天在积木区很认真地盖摩天大楼的事，我们是不是还需要附上一些照片呢?"

　　教师还可以让幼儿参与，共同添加很多有关的信息资料。

　　"除了你的名字，我还要记下你家人的名字，这样才能帮我记住谁是你最重要的人。"

　　"把每个人最喜爱的食物绘制成一张表。每天当我念菜单时，我们就知道谁会很开心。"

"让我们一起把制作橡皮泥的步骤画下来，再加上一些说明文字，这样就可以带回家，然后教给家人怎么制作。"

教室里可以布置这样一些活动区和设备，如阅读区、书写角，邮筒、多媒体设备，但也要想一想哪些其他区角也会用到参考书和书写工具。（提示：想一想在家里，书、笔、纸张、杂志、参考资料和有关信息技术的设备都放在哪里，自己是如何随手使用的?）

开展有意义的常规书写活动

幼儿在早期读写前，已经参与了各种功能性的读写常规活动（functional literacy routine）。起初，幼儿可能只是画一个标记或是胡乱涂抹，以此代表某个词中的某个字母。如果幼儿开始不愿意，说自己不会写，教师就要告诉幼儿可以假装自己知道怎么写。对于幼儿来说，最大的激励是他们学会书写和认出很多名字，包括自己、家人、宠物以及朋友的名字。在一日活动中，教师可以采用各种方法，多次让幼儿书写和阅读名字，如鼓励他们在自己的作品上签名、观察表和记录表上让幼儿签名，也可以鼓励幼儿做笔记，用画画的方式记录，然后让他们寄给自己的家人或投进教室的信箱。如果教室里有电脑，可以为每名幼儿创建一个电子邮箱，供幼儿之间寄送邮件。在这些任务中，教师可以通过各种图片符号来引导幼儿学习。

定期自制图书

自制图书可以增加教室里的藏书量。自制图书包含了照片和文字，通常会记录幼儿做过的事情。自制图书中的语言可根据需要进行调整，使之便于幼儿阅读，因此这些自制图书也可成为幼儿的阅读材料。你也可以将幼儿讲述或绘制的故事做成图书。自制图书可以装订成册，也可以固定在卡片纸上，或者使用其他装订方式。你还可以借助安装有文字处理软件或类似写字板的电脑，将这些故事直接打印出来。需要说明的是，自制图书不仅适合年龄较大的幼儿，也同样适合婴儿和学步儿。

自制图书可包括以下主题。

- 生活中特殊的人。
- 怎样在房间里的不同地方使用材料？
- 如何学会交朋友？
- 身边的专家。
- 已经完成的项目或实地考察、旅行。
- 我们的好奇与疑惑。
- 如何保护地球？
- 幼儿入园或毕业时的欢迎书和告别书。

自制图书中还可包括图书编辑出版时的常规内容，如作者简介、序言、扉页、目录页等。

渗透于日常活动中的读写技能

作为一名幼儿教师，其责任不是不断增加集体活动的时间，而是将学习内容渗透到日常活动中。教师需要留心观察的是，幼儿何时通过直接教学受益，何时需要引导才能更好地达到他们想要达到的目标。教师要倾听幼儿提出的问题，而不是总要求幼儿关注教师提出的问题。同样，教师要尽量避免仓储式的教学方式，即那种学习内容相互脱节、缺乏情境、对学习者毫无内在意义的教学。重要的是，幼儿在学习中要玩得开心，并且不能认为教师传递给他们这样一种信息：和幼儿研究字母、数字和科学概念时，是在测试他们。教师要保持幼儿的内在动机，让其主动掌握今后成功迈入社会所需的技能。

幼儿教师往往有各种读写、数学和科学活动的资源。通过梳理分析，教师可选用那些以儿童为中心的资源。以下案例有助于教师思考如何将严肃的课程内容融会到各种游戏活动中。

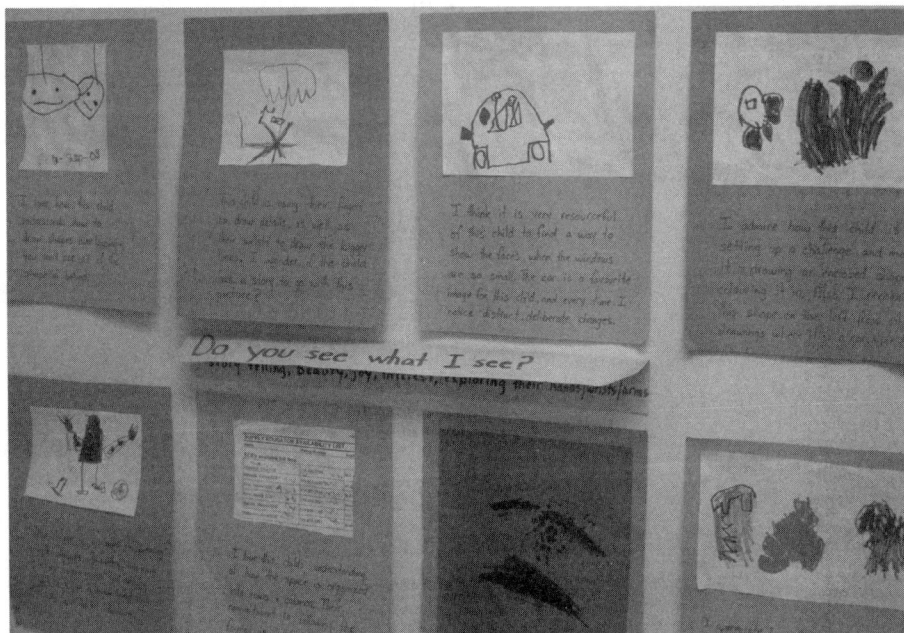

192
　　　早期阅读专家伊芙林·利伯曼（1985）提出培养幼儿读写技能的六大能力。根据下面的建议，你可以将这些内容嵌入幼儿的日常活动中。对于不同年龄段和不同语言发展水平的幼儿，教师的角色从某种程度上来说也会有所不同。无论是哪个年龄段的幼儿，他们都需要聆听教师叙述、教师提问、描述细节、唱歌、阅读和使用大量的词汇。随着幼儿年龄的增长，教师可以鼓励幼儿自己运用这类技能。

叙述技能

　　　叙述技能有助于提升幼儿对事物和事件的描述能力与故事讲述能力。

- 描述或倾听家庭中的故事。
- 要求幼儿复述书本、电影或自己亲身经历的故事。
- 要求幼儿回忆当天的活动。
- 让幼儿口述自己经历的一个事件或活动。
- 运用道具或操作材料讲故事。

- 创编班级故事。
- 一起制作图书。
- 读或唱儿歌。
- 玩"猜谜"的游戏。

积累词汇

随着幼儿词汇量的增加，他们开始掌握事物的名称。随着对同义词和其他词汇的掌握，他们的交流能力也得到了提高，交流中词汇的使用也更加准确。

- 倾听幼儿并鼓励他们与人交谈，运用不同的词汇复述幼儿的观点。
- 让幼儿描述图画或讲述故事里发生的事情。
- 鼓励幼儿使用新学的词语。
- 运用幼儿陌生的字词，并在幼儿能理解的语境下解释其含义。
- 当阅读或交谈时，解释陌生的字词。
- 要求幼儿解释特定词语的含义。
- 要求幼儿想出 10 个不同的词语来描述同一个物体。
- 阅读包含新概念的图书。
- 设计一些介绍新词汇的活动（如在建斜坡的活动中，使用诸如"斜面、角度、倾斜、距离"等词语）。

对书面语言的兴趣

提升对书面语言的兴趣是激发幼儿对图画书和阅读材料的兴趣与喜爱，同时也能激发幼儿对书写活动的兴趣。

- 将剪贴板、纸、笔放在教室四周。
- 将制作标志的材料放在积木区。
- 让幼儿书写自己的名字。
- 和幼儿一起列出教室材料清单。
- 设置一个邮箱和一个书写中心。
- 经常与幼儿互写信件和电子邮件。

↩ 发动其他人（如幼儿的家人、幼儿园里的工作人员或社区居民）给幼儿写信，并大声诵读这些信件的内容。

↩ 鼓励幼儿在游戏的情境中写信。

↩ 让幼儿挑选图书，教师与其一起阅读。

↩ 将图书放置在教室的每一个学习区中。

↩ 在日常安排中预留出阅读的时间。

↩ 借助阅读活动帮助幼儿完成任务。

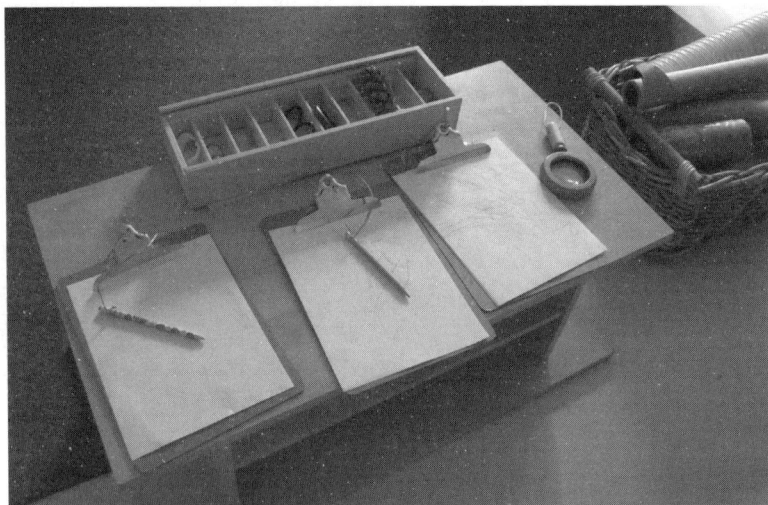

↩ 要求幼儿签到。

↩ 为一个或一组幼儿念一本大书。

↩ 用记录表（单）标明歌唱或活动过渡时间。

提高阅读书面符号的能力

提高阅读书面符号的能力是指帮助幼儿理解书本和文字的基本概念，掌握阅读的基本技能，包括学习怎么拿书、学习从书的封面翻阅到封底、学习按字的书写方向阅读以及其他与阅读有关的视觉和动作技能。

↩ 指出实际生活情境中的各种文字符号（停车标志、食品包装、车辆牌照等）。

↩ 在图画书阅读过程中，让幼儿自己翻页。

- 给幼儿阅读时，边读边指读到的字词。
- 讨论字词的含义。
- 向幼儿解释所读的内容是文字，而不是图画。
- 大声阅读时，手指要跟着字词从左向右移动。
- 给幼儿阅读时，要求他们找出熟悉的词语。
- 边指着字母表边伴唱字母歌。

字母知识

对字母的认识远不止是简单地将字母表背下来，还需理解字母之间的差异，即每个字母都有自己的名字、独特发音。

- 写下或指出幼儿名字时，大声将其拼读出来。
- 讨论幼儿名字中发音相似或相同的字母。
- 讨论两个事物之间的相同点和不同点（如这块积木是弯的，那块积木是直的）。
- 阅读字母表、符号、标签时，指出字母并说出字母的名字。
- 使用带磁性的字母教具。
- 用橡皮泥捏出字母的形状。
- 收集有关字母的谜语。
- 唱字母歌。
- 数名字或者词语中字母的数量。

语音意识

196

语音意识涉及培养幼儿听的能力和用词语中较小的音节进行游戏的能力。通过对语音的认识，幼儿开始理解词语是由音节组成的。

- 唱押韵的歌曲。
- 用押韵的词语或语音玩游戏。
- 拍歌曲中的节奏。
- 拍名字中的音节。
- 拍单词中的音节。

- 阅读诗歌。
- 读唱儿歌。
- 讨论字母发音的对应关系。
- 讨论字母发音的相似性。

双语学习

在美国很长一段时期内，很多幼儿园中都有一些幼儿的母语并不是英语，那么教师和这些幼儿的家庭保持密切合作就显得非常重要。在确保这些幼儿的英语水平逐步提高的同时，教师还需要让他们学好自己的母语。当他们融入其他文化背景的环境中时，掌握母语能使他们保持与家庭和文化的密切联系。其实，在双语教育、英语学习、多语种语言学习中，有很多可利用且有价值的资源。若要全面了解建设一所多语种幼儿园所需考虑的要素，可参阅莎朗·克罗宁（Sharon Cronin）和卡门·索萨·美索（Carmen Sosa Massó）2003年编写的《双语学习：语言、文化和年幼的拉美裔孩子》（*Soy Bilingüe*：*Language*，*Culture*，*and Young Latino Children*）。

和翻译工作者合作也许有一定效果，但是在多语种环境中，能翻译并不等同于熟练掌握一门外语。美国并不要求受教育者必须熟练掌握外语。但鉴于我们培养的下一代要生活在全球化的世界中，而且许多社区每年会有大量新移民迁入，因此我们要尽力提升双语教育的能力。脑科学研究的结果表明，在幼年时期，大脑正在形成独特的听觉通道，这也是学习语言的关键时期。学习第二语言对于所有幼儿都有益。

早期读写概念包括在沟通交流时理解使用的特定编码、关系及语言结构。那么，我们如何教育幼儿，使他们在科技、音乐、视觉艺术乃至金融领域都能得到良好的启蒙呢？即使幼儿并不渴望学习这些知识，他们也常会对这些领域感到好奇。因此，我们应该考虑采用哪些方法，加深幼儿对这些领域的了解。

数学学习启蒙

对许多人来说，数学似乎是一种不同的语言，感觉只是在学校学习时才会有用。然而，教师可帮助幼儿，让其感受到数学无处不在，体会到数学不仅和我们的日常生活有联系，还和诸如科学、艺术、音乐等学科的学习息息相关。全美数学教师协会（NCTM）提示我们，教学中需要注意两类数学学习——数学思维（thinking math）和数学知识（content math）。以下内容引自该协会的相关资料。

数学思维

在问题解决、交流、推理和了解事物的联系时，幼儿要学会像数学家一样分析和思考。以下简单的活动可供参考。

◢ 让幼儿帮忙把各种物品整理好后并摆放在架子上，尝试按照不同物品的大小和形状排列，测量一下较大的物品比较小的物品多占多少空间。

198

◢ 在桌上使用不同大小的杯子进行"倒水"游戏，帮助幼儿发现哪个杯子一次性装的水最多。

📎 让幼儿用制作图表或画图的方式表示数字，如统计有多少名幼儿喜欢吃比萨，有多少名幼儿不喜欢吃比萨。

📎 让幼儿参与活动布置，如吃点心时在一张桌子边上摆几张椅子，这样大家坐在一起时才会觉得舒适。

数学知识

对幼儿来说，适宜的数学知识包括探索模式与关系、数概念、估算、测量、空间关系、几何体等内容。以下简单的内容可供参考。

📎 用积木、珠子或者其他合适的材料玩创编模式的游戏。

📎 用声音、拍打、吟唱的方式创编模式游戏。

📎 练习用材料排序，将它们从最短排到最长，从最小排到最大等。

📎 玩"我是小侦探"的游戏，找出图画、被套、动物皮肤上的图案或花纹。

📎 和幼儿解释数字可以在不同的环境中使用，帮助幼儿认识到数字可用来描述数量、关系和尺寸，如比赛计分、电话号码、寻找地址、了解做某事的步骤。

📎 在日常生活中，和幼儿数真实的物品，帮助他们更好地认识数。

📎 数数时，边说出数字边逐一点数物体或者掰手指。

📎 为幼儿提供爬进爬出、爬上爬下的机会，让幼儿体验空间感。

📎 让幼儿亲自动手操作，感受各种不同的几何形状（如积木、拼图、饼干成型模具）。

📎 街上散步时，在各种标志图示或艺术作品里发现不同的几何形状。

📎 让幼儿和你一起测量物体，说出测量的结果。测量时，既可以使用常规的测量工具（如卷尺、汤匙、杯子），也可以使用非常规的测量工具（如细绳、麦片盒）。

📎 玩诸如"谁能单脚站立得更久？"或"当定时器走完时，你能绕操场跑几圈？"的游戏，帮助培养幼儿对时间测量的感知。

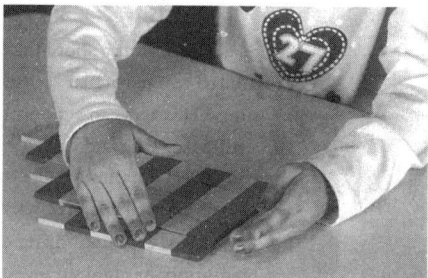

📎 在幼儿参与涉及到估计和预测的活动时，让幼儿使用诸如"多于""少于"这类数学用语。

科学学习

在人生的最初阶段，幼儿具备与生俱来的好奇心。他们渴望了解事物的名称、事物的发生和发展。他们不仅在认识世界，同时也在学习"怎样学习"。当懂得收集资料、将新的知识融入已有的知识中、明白怎样运用学到的知识时，幼儿的科学心智（scientific mind）就开始萌芽和成长。

教师也应培养自己的好奇心和科学心智。

科学思维

科学的学习不能局限于特定的科学活动。在幼儿园的一日生活中，教师要引导幼儿进行科学思考，进行科学探索。而这些可以为幼儿提供探索和体验材料的机会。当幼儿在探索和游戏时，教师一方面可以用含有科学思维的词语和他们交谈，另一方面在交谈中向幼儿传递各种科学知识。

　　◁ "你能说一下贴在皮肤上的湿尿布的感觉吗？让我们感受一下干尿布是怎样的？"

　　◁ "摇拨浪鼓时，它会发出声音。"

　　◁ "改变一下积木上斜坡的角度，像科学家一样思考。斜坡形成的角度叫作斜面。"

　　◁ "我看到你往橡皮泥里面滴了两种不同的颜料，这就是我们称为化学家的人要做的事。你发现了什么？"

教师可以通过一日常规、制订活动计划、回答幼儿问题等方式营造教室文化，借此鼓励幼儿像科学家一样思考。教师要设法帮助幼儿掌握以下能力。

　　◁ 质疑和提出问题。

　　◁ 通过各种感官学习。

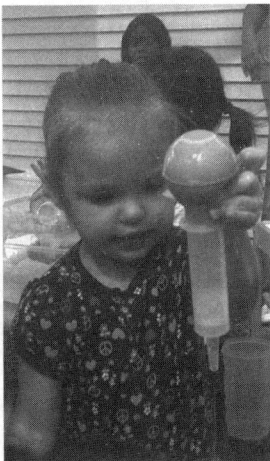

◁ 仔细观察并注意细节。

◁ 通过仔细观察进行比较和分类。

◁ 通过数数和测量进行比较。

◁ 通过试误进行实验，检验假设，得出结论。

◁ 坚持不懈并且不断尝试。

◁ 通过描述、绘画、制图、展示及记录思考与发现的过程，与他人分享自己的问题和观点。

◁ 和他人合作并分享快乐。

科学方法和过程

探究和发现的方法、过程是一切科学活动的基础。教师可以从环境布置、一日常规和活动材料准备入手，创设一个能激发幼儿质疑精神和探究意识的环境。教师通过对幼儿的指导，培养幼儿掌握科学的过程和方法。幼儿需要充分的时间进行探究，也需要时间专注于自己的活动。同样，重复做实验也需要时间。因此最重要的是，教师不能催促或打断幼儿。

当幼儿获得科学探究的技能后，他们就会成为一个善于观察和提出问题的人。教师可以帮助幼儿进一步获得收集资料和分析比较的科学方法，也可以帮助幼儿提高将观察到的现象和收集到的资料呈现出来的能力，学会分析、综合和预测，并能察觉到事物的模式和关系。教师可以通过一日生活中的各种活动，很自然地和幼儿交谈，鼓励幼儿学习科学探究的技能和方法。而这对于缺乏言语表达能力的婴儿和学步儿来说尤其有效。对于幼儿来说，教师可以启发幼儿回答类似的下列问题。

- 从这个物体上，你看到了什么？你在用它时发现了什么？

- 你对什么最好奇？

- 它们有什么相似的地方？它们的相同点在哪儿？

- 他们很不同吗？是哪些不同点把它们区分开来？

- 如果……会发生什么？你能预测接下来会发生什么？

- 如果我们……你认为它将有什么改变？你的猜测或假设是什么？

- 让我们一起来当科学家吧，一起仔细观察、预测、比较，然后把发现记录下来。

- 我们可以把发现记录下来，报告自己找到的证据或者在实验中观察到的现象。

- 如果改变实验中的物品或要素，我们可以观察到和发现什么变化？

科学知识

教师要从各领域内容中发现机会，加深幼儿对科学概念的理解。教师在许多幼儿教育图书中，都可以找到有关科学活动的各种参考资料。在使用这些图书时，教师要记住幼儿需要尽可能多的机会去直接观察和体验。幼儿的年龄越小，设计的活动就越需要简单具体。教室里还应该有一些关于动物及其生活环境的图书，包括野外活动指南和科幻小说。教师必须确保这些图书提供的是科学、精确的信息。教师自己使用的科学语言也必须是准确的，同时也要鼓励幼儿使用准确的科学语言。以下内容是基于物理科学知识而来的，可作为实施活动的基础。这些内容对于教师设计其他科学活动的问题和表达方式，或许具有一些启发。

◁ 探索和描述常见物体的特质，如大小、形状、颜色、重量、质地。

◁ 基于一种或者多种属性对物体进行分类、分组、分等级。

◁ 探索改变材料的方式，如通过联结、冰冻、融化、分解，或通过物理压力，如压、拉、重击或伸展。

◁ 通过滚动、旋转、吹气等方法，让各种不同物体动起来，然后描述观察到的现象，如物体运动的快、慢、前进、倒退或曲折行进。

◁ 运用积木和建构材料，观察发现位置和重量改变对物体的平衡会产生怎样的影响。

◁ 在观察和谈论物体运动时，使用如移动、重力、力量、质量、重量、速率、速度等词语。

技术学习

在开展信息技术教育之前，幼儿园首先要明确为什么需要使用技术以及如何使用技术。在今天的社会中，幼儿已经在屏幕前花费了太多时间。因此，他们更应该做的是参与到生动活泼的游戏中，应该花更多时间参与户外活动，感受与同伴、成人面对面的交流互动。但是，这并不是说要将科技拒之门外，而是应考虑如何使科技的运用切合幼儿的学习目标，使之成为幼儿良好的学习方式。

很多幼儿园的电脑里都安装了所谓的教育软件，而这些往往只是作业纸的一种娱乐化形式。白板的应用逐渐挤占了积木区的空间，教室充斥着滑稽小丑指导着的高科技版的集体朗诵。同时，教师们也把更多的注意力放在了技术设备上，而不再更多地关注幼儿，这已经逐渐变成一种常见的现象。不论是因为文件录入、完成评估报告的压力，还是因为接收、回复邮件的无可奈何，教师们变得日益专注于技术设备，而不再关注幼儿在做什么。

花哨的技术设备使人们的注意力偏离了课程实践，也挤占了投资于课程建设的各种资金。但课程实践的本质应是将重心放在让幼儿产生想法上以及了解幼儿学习的水平，追求教师自身发展的方向上。不可否认，一些技术设备确实可以在幼儿的学习中发挥重要作用，但是这些技术设备更应该是增进幼儿和他人建立有意义联系的桥梁，从而促进幼儿更加投入地进入到问题探究的过程中，而不应让幼儿的注意力偏离方向。

通过技术反映幼儿的生活

大多数幼儿在进入幼儿园前，对数码相机、手机、电脑和互联网等产品的使用虽然还很不熟练，但至少都接触过。充分利用幼儿已有的科学技术和知识，有助于教师更好地运用本书倡导的教学方法。

- 为幼儿提供相机，让他们记录自己的作品。

- 向幼儿演示怎样在电脑上新建一个用于保存下载照片的文件夹。

- 鼓励幼儿运用适宜的软件，将自己的活动记录制成一本书。

- 让幼儿重点回顾作品的制作过程，而不再关注使用技术设备制作作品的过程。

- 运用白板设备让幼儿回顾自己做过的事，然后停下来鼓励幼儿预测下一步会发生什么并作出计划：在这个游戏中，他们还要让谁参加？他们还需要使用哪些材料？他们可以将文件发送给谁？他们还需要在网上搜索哪些信息？

- 无论幼儿离学校远近与否，与幼儿的家庭建立短信或微博联系很重要，同时要在发送照片时附上各种探讨的问题。

- 为幼儿创建有密码保护的电子邮箱或微博，用于和亲人或住在其他地方的朋友进行网上交流。

对技术的作用分析

在购置新技术设备和软件前，教师首先必须和同事探讨技术的运用在哪些方面有利于提升幼儿的思考能力、反思能力、创造力和合作学习的能力。购买设备有时也可以征求家长的意见。

为幼儿设计环境、开展探究活动时，大家可以集思广益，列出各种学习方式。对于幼儿在反思、创造和合作时的具体行为表现，教师要做到心中有数。如幼儿在听故事或重温他们的作品记录时，会突然冒出一些新的想法，如做的新事情、邀请新的人一起参与等。

通过回顾以往的观察内容或文档资料，我们可以分析在教育活动中的哪些环节可以融合技术手段的使用。技术运用是为了扩展有效的学习机会，使其实现期望的学习效果，丰富为幼儿制定的学习目标。如果发现一组幼儿在争论"什么才是做某事的最佳途径"，那么教师可以给幼儿提供相机，让他们拍下每种解决方法的照片，接着可以使用这些照片来指导幼儿试验每一种想法。也许，你可以将这些照片投放在电子白板上，还可以将他们的想法放在网络上。

 **案例分享**

阅读下面的案例，思考伊芙林·利伯曼如何从一个充满好奇心的妈妈转变为一位教育研究者，从而更好地了解幼儿学习书写的具体步骤。通过研究，她坚定了自己的认识，并将其运用到日常工作中。最终在她的班里，引导幼儿书写自己的名字成了她教育的一个特色。

从涂鸦到名字书写

（讲述人：伊芙林·利伯曼，母亲、祖母、幼儿园教师、

教师培训者、研究者）

在幼儿园，我的小儿子都是从右往左写字。另外，他写字母和词时，还经常会镜像书写（mirror writing）。起初，我对此并没给予足够重视，还力求读懂他写的字。然而当他上小学一年级时，他的老师关注到了这种现象，

认为这可能是某种听起来可怕的、神经发育不成熟的信号，或者这起码不是一种较好的书写方式。接着，我做了一些研究，发现幼儿的镜像书写在幼儿园十分普遍，而且在三年级之前不用担心。但我开始对这种现象着迷：孩子如何学习书写？那些曲线、圆圈、线条、倒着拼写字母或者拼写顺序混乱的情况，对孩子来说，意义何在？孩子如何认识书面语言？

成为一名研究者

当自己的 5 个孩子、孩子的表兄弟姐妹、朋友们的孩子开始尝试书写时，我刻意去观察、探究、收集案例。后来，我成为一名幼儿园教师，获得硕士学位，开始教授儿童发展和早期教育的有关课程，不断重温关于个体发展的各种内容，而且还在大学里教授相关课程。此外，我还为一些学前教育机构提供咨询，保证他们的课程适宜孩子的发展。然而，直到确定了自己的博士论文选题为"名字书写和学前儿童"后，我才终于有机会从事"儿童如何理解书面语言"这一课题研究。

我了解了关于个体认知、身体、社会和情感发展的阶段特点，也了解了个体在绘画、投掷、唱歌、阅读、进餐、说话、走路等方面的发展阶段特点。然而，当想要寻找关于孩子书写的相关研究时，我发现其内容往往是针对一年级儿童的小组分享（author's circles）和日记，没有任何关于理解、认识、鼓励或促进孩子前书写的信息。前书写是指孩子构建成人式的字母或者词语前所涂写的各种符号。

作为一名观察者，我发现，孩子开始能画一幅人像或者书写他们名字中的字母，就表明他们已经能将文字当作符号来使用。但问题是，我该如何将这一现象描述和记录下来。我制订了一个研究计划。在整个学年中，我每个月都会在幼儿园进行一次活动。我告诉几个班的孩子："请写下你们的名字并且画一张自画像。"日后，这些案例成为我的研究数据。不久，我收集到了一大摞 12 英寸×17 英寸的画像纸，上面有各式各样漂亮、五彩缤纷的符号和图画。但是，我该如何弄懂这些作品的含义呢？这些孩子的作品是否能呈现出一个可识别、可描述的过程？早期书写是否也同样存在发展顺序呢？

从研究数据中发现特点

对着孩子的这些作品，我思考良久。有一天，我恍然大悟。对于孩子的每一幅作品，我其实可以写一句话来描述。接下来，我将这些作品按类分堆，如全部是乱涂鸦的放一堆；画着水平曲线的放一堆；能识别出名字的放一堆，以此类推。我发现自己已经可以描述每个作品，并且知道将它们分在哪一个组。现在，我写出了16句话，分别描述所有这些作品。然而，这些作品是否能按照阶段排成一个发展序列呢？

涂鸦无疑是第一组，最后一组是孩子可以完整书写姓名的作品。根据对孩子书写的观察，我继续直观地将剩余的组别按一定的逻辑顺序排列。接着，我让一些未参与项目研究的大学生和教师验证该序列的准确性。

经过此过程，我制订了一个可复制使用的排序表。每一份孩子的名字书写样品，都能通过该表找到相应描述的句子。这么做十分耗时，且相当乏味。但我想要的是一个让教师、学生、父母或者其他人都可以方便使用的工具。该如何简化该表呢？最终我找到了解决方法。我将这一排序表转换成一个流程图，先在一张卡片上写上一个描述作品的句子，然后在餐桌上铺展开，经过多次尝试、多次走进"死胡同"，最终得出一个流程图。现在，每个人都可以看着某个名字书写的样品，快速回答格子里的问题，并且知道如何对特殊名字书写案例进行描述。

210

名字书写的样品

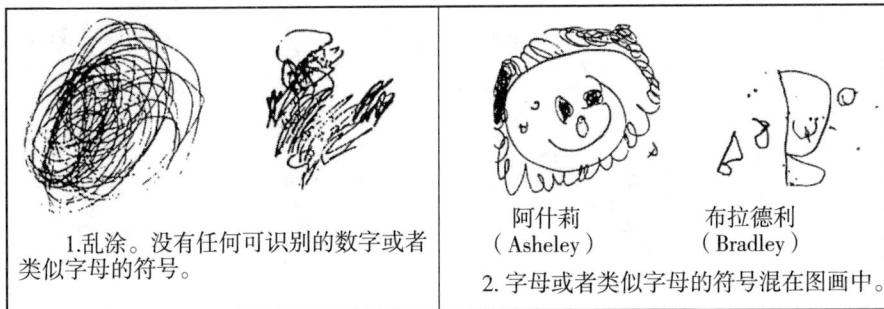

1.乱涂。没有任何可识别的数字或者类似字母的符号。

阿什莉（Asheley）　布拉德利（Bradley）

2.字母或者类似字母的符号混在图画中。

续表

达斯廷（Dustin） 马克斯（Max） 3. 名字书写是线条形的，并且和图画是分开的。	希拉丽（Hillary） 4. 名字书写或者签名是连续式的水平曲线。
安索尼娜（Ansonia） 米切尔（Mitchella） 5. 水平曲线和分隔开的类似字母的符号。	乔瓦（Jovan） 安东尼（Anthony） 6. 分隔开的符号线条中可能包含孩子姓名中的字母或类似字母的符号。
乔瓦尼（Jovanny） 申娜（Shenna） 7. 签名包含了占位符，使用象征性的符号代替孩子还不会书写的字母。	布兰登（Brandon） 辛西娅（Cynthia） 8. 能书写姓名最前面或最后面的数量不超过三个的字母。
伊万（Ivan） 加布丽埃尔（Gabriel） 9. 名字中的字母顺序是混乱的，或者有缺少、多出字母的现象。	帕特里克（Patrick） 马里奥（Mario） 10. 名字中的字母顺序是正确的，但有缺少、多出字母的现象。

211

续表

迪米特里厄斯
（Demetrius）

曼迪
（Mandy）

11. 名字中字母数量相同，类似字母的符号和（或）占位符仍出现在名字中。

保罗
（Paul）

格雷丝
（Grace）

12. 所有的字母都可辨认，但字母的组合还不正确。

比利
（Billy）

里基
（Ricky）

13. 所有字母都正确且书写正确，但还有些顺序错误。

萨拉
（Sarah）

安德鲁
（Andrew）

14. 字母的数量、组合和顺序都是对的。

希拉丽
（Hillary）

林德赛
（Lindsay）

詹姆斯
（James）

埃米丽
（Emily）

15. 从后往前写、分两行写、其他创造性的替代书写方式，或者问题解决策略的书写方式。

16. 完整的姓名。

Evelyn Lieberman Ph.D..*Name Writing and the Preschool Child.* University of Arizona.©1985

将研究结果运用到实践中

在教学中，我会有意识地添加有关书写的内容。我发现，我所做的只是在原有课程中加入一些书写经验。我的课堂并没有规定 10 点 01 分上特定的书写课，也没有集体示范如何书写，更没有昂贵的专业教材或者手册。孩子只需通过听别人讲话就可以从牙牙学语发展到能说出句子，他们也可以通过看别人书写且自己试着书写，就可以从乱涂鸦发展到真正书写。他们所需要的只是铅笔、蜡笔、粉笔、画笔——任何书写工具——还有很多纸、黑板或其他可书写的东西。当然，时间、教师和家长的鼓励也是必不可少的。

我决定让孩子每天至少有十次的机会辨识、阅读、书写他们自己的名字。如在教室里，塞米（Sammy）每天走进教室后都会在名单上签到，或者在桌子的盒子里找出自己的名字卡。接着，他会把夹克衫放进贴有他照片和名字的小壁橱里。他做一个泥塑，放在一张纸上晾干，我替他在纸上写了他的名字。这样他就知道明天应该画哪个。在画架前，塞米看我在亚伦（Aaron）的画上写上名字。我边写，他会边大声读出每个字母。塞米在自己的画上用水平的曲线写着自己的名字，我对他说："塞米，我很喜欢你这样写自己的名字。"

日子一天天过去，塞米继续着他的读写学习活动。有一天，他走到生日记录表边上，停下来找自己的名字。他找到了，用手指着说："我的生日快到了。"教室里只有一台电脑，所以塞米来到电脑旁，他想看看他的名字是不是快排到电脑里的生日记录表的前面了。班里有信件要拿回家给父母，塞米找到有他名字的信封，然后放进他的小壁橱里。他找到封面上有他名字的日记本，不停地画画。翻到最后一页，他画上一个 S 和一条曲线，接着说："我签上我的名字了。"我回答说："很棒哦，我很喜欢你这样的签名，等你妈妈来接你的时候，我们拿给她看吧。"

教室外面有几桶水和一些小画笔，孩子可以用画笔蘸上水在水泥地上画画、写字母或写他们的名字，然后看着字母蒸发掉。塞米画了一幅人像，然后写了个 "S"，后面跟着一条弯弯曲曲的线条。当它们蒸发时，塞米注视着并鼓掌。很多幼儿想荡秋千，我对他们说："我们应该做一个名单，这样才知道接下来轮到谁。"塞米说："我们需要笔和纸张。"说完就跑去拿笔和纸。之后，塞米在沙堆里发现了一根木棒，然后用木棒在沙堆上画了 5 个 "S"。塞米在幼儿园度过了有意义且快乐的一天，名字书写几乎已经浸入所有他做过的事中。他阅读、书写名字超过了 10 次。他很开心地学到了很多有关书面语言的知识。

我在教室总是创造许多适宜孩子的书写经验。我也教给助手、志愿者、学生、同事怎样去给孩子创造一个读写环境，怎样通过适当的回应对幼儿在前书写阶段的每一次尝试给予鼓励。孩子取得每一个进步时，我就会把它们填在进程表中。我使用专业词汇向家长解释孩子在书写中学到了什么，接下来可以期待什么，如何在家鼓励孩子书写。只要瞄一下孩子所写的名字，我就知道应该说什么，借以帮助孩子拓展对书面语言的理解。

我班的大多数孩子都能在正式上学前写自己的名字了（或许仍然用大写字母的形式），然而他们从没上过一堂诸如"书写应保持在一条直线上"这样的专业课程，也没有被要求掌握正确的握笔姿势，也没有按规定练习或描绘名字，更没有因为字迹不够完美而被批评，然而他们确实学会了书写自己的名字，学到了很多关于书面语言的知识，并且喜欢上了书写活动。渐渐地，幼儿从乱涂鸦发展到可以书写自己的名字。

214

思考与分析

以上介绍了伊芙林从幼儿感兴趣的主题出发调整课程以及帮助幼儿学会对他们将来生活有用的内容的全过程。可以给伊芙林发邮件（ELieBermanReflect@gmail.com），谈谈你对上述内容的想法。建议结合下述问题谈谈自己的看法。

- 伊芙林对于自己成为一名研究型教师感到很兴奋。你在文章中看到了哪些例子？
- 她采取了哪些具体步骤深入了解幼儿对读写知识的认识？
- 她是如何调整课程以增进幼儿对前阅读和前书写的认识和理解？
- 伊芙林如何让幼儿家长参与活动并了解自己的工作？

实践运用

当前教学方法的反思与记录

1. 在你目前的班级环境中，哪些具体的常规有助于提升幼儿的求知欲、好奇心，让他们学会如何学习？

_____

_____

_____

2. 你在哪些方面可以给幼儿更多的关注，使他们有机会学习有关科学探究的词汇或接触学科学习领域？

_____

_____

_____

3. 你会如何增进对幼儿在某一特定学习领域特点的了解和认识？

_____

_____

_____

_____

第七章

0~3岁儿童的保教

(217)

自我反思

在下面的几种陈述中，哪一种观点最能体现你对0~3岁儿童的看法？

● 他们十分可爱、憨态可掬。他们需要成人的陪伴与照料。

● 他们很脆弱，不知道如何保护自己，所以需要成人的细心呵护和照顾。

● 他们喜欢探索周围的世界，成人需要确保他们的安全。

● 他们是积极的探险家，也是天生的科学家，成人需要提供机会让他们获得丰富的学习经验。

尽管上述观点都是正确的，对教师也有帮助，但是作为0~3岁儿童教师，我们每天都和他们接触，必须清楚对他们的基本看法。教师对0~3岁儿童的认识，决定了教师将来会为他们制订什么样的活动计划以及在活动中如何与他们互动。请将你对0~3岁儿童的理解记录在下面的空白处。

(218)

_____

_____

_____

_____

教师在实际工作中尝试践行本章中提到的方法，并且不断充实、完善自己的想法，利用工作机会观察0~3岁儿童，见证人类一生中最令人惊叹的快速发展阶段。

课程是什么？

今天，教师海伦（Helen）和谢丽尔（Sherrial）难得有机会坐下来交谈。婴儿鲁比（Ruby）坐在睡眠室的地板上，嘴里咬着一个玩具，看着在她身边叠尿布的谢丽尔。海伦躺在摇椅上，将奶瓶递给路易斯（Louis），其他的婴儿都睡着了。"我们明天又要交课程计划了，是吗？"海伦叹息道。"我们该做些什么呢？现在是4月了，或许我们可以剪些雨伞和雨滴的剪纸，然后贴在墙上做装饰。""不管怎样，我总觉得为婴儿制订课程计划是很愚蠢的事情。"谢丽尔回答说。

鲁比注意到谢丽尔脸上不高兴的表情，开始踢脚、皱眉，还用嘴发出声音。"哦，鲁比，看来你也有一些想法要告诉我们呢。来，坐到老师这边，告诉我们，你心中的课程应该是什么样的？"

0~3岁儿童的教师如果熟悉幼儿园的各种情境，就会觉得为0~3岁儿童设计课程是一件很困难的事情。如同教师一样，课程也是幼儿园的常用语，用在幼儿园各种情境中。如何看待自己及如何理解课程，会极大地影响自己与0~3岁儿童相处时的角色定位。一些最有意义的学习通常发生在日常照料过程中，也发生在0~3岁儿童的探索活动中。作为一名教师、看护者或者教育者，如果你认真思考自己从事的工作，细致观察婴幼儿，就会发现自己的想法可能跟案例中的谢丽尔一样：4月的雨伞对婴儿来说有什么意义？情人节礼物和三叶草对于2岁的学步儿又意味着什么？上述案例中两位教师的想法有道理，雨伞和雨滴都是幼儿园的主题，而这些主题又往往是教师努力达到课程计划要求的主要内容。尽管谢丽尔自己或许没有意识到这一点，但她的想法是对的。在设计课程时，教师首先要考虑的因素是如何对0~3岁儿童发出的信号作出回应。

再重温上述案例中的情境。你是否注意到，即便是婴儿，鲁比对于教师的表现，也有惊人的反应能力。鲁比觉察到教师脸色的变化，又听到教师说话的声调稍有不同，因此开始感到不安。她通过自己的身体动作和声音表达自己的情绪，而教师对鲁比也作出了很好的回应：让她坐在自己的膝盖上，让鲁比知道自己的情绪得到了关注。

从事 0~3 岁儿童教育的教师有机会观察和感受个体一生中最让人惊叹、最迅猛发展的阶段。在这一阶段，他们对自身及周围环境的感受十分敏锐。所以，许多因素对他们的发展都有重大影响，包括身边的成人、彼此的互动、对 0~3 岁儿童的回应及成人创设的环境和提供的材料。

美国加利福尼亚州的婴幼儿养育方案（Program for Infant/Toddler Care，PICT）的执行主任 J. 罗纳德·拉力（J. Ronald Lally，1995）对这一发展阶段发展特点描述如下："对 0~3 岁儿童的照料，远不是悉心的关爱和游戏学习这么简单，0~3 岁儿童会在这个过程中感受和吸收、整合各种价值观和信念。他们能够感知和解读成人的行为，并将所见所闻融合到正在形成的自我概念之中。"

课程是关系

对于 0~3 岁儿童来说，回应性互动构成了课程的核心。一般情况下，我们对 0~3 岁儿童的回应都是随机的，大多是在潜意识的层面作出回应，很少按照计划进行。我们会根据 0~3 岁儿童的身体动作、面部表情相应地作出不同的反应：换尿布、喂奶还是拿玩具转移注意力。通常，我们会下意识地、不假思索地作出回应，而没有注意到日常简单交流里蕴含的深层意义。但是当你认真思考过程中发生了什么以及包含的意义时，你会发现简单的交流其实并不简单。

在照料的过程中，0~3 岁儿童在学习中知道了他们是谁，体会在与成人相处的每个微小时刻中哪些事情是他们有能力做的。0~3 岁儿童的潜意识里都在搜索这些问题的答案。

- 这个世界是安全的吗？

- 我的需要能够得到满足吗？

- 我能够跟别人很好地交流吗？

- 我能够把我想传达的信息成功地传达给别人吗？

- 你会接受我真实的、毫无掩饰的情感吗？

- 我怎样才能更多地了解这个奇妙的世界？

这些都是培养0~3岁儿童信任感的过程中要考虑的首要问题。信任感的培养也是0~3岁儿童的首要发展任务。这一时期的其他重要发展任务还包括发展0~3岁儿童的自主性、减少分离焦虑和提高控制力。

- 我能够满足自己的需求吗？

- 我有没有权力？

- 我们分开以后，你会不会消失？

作为一名0~3岁儿童的教师，你的工作就是了解他们在这一阶段的发展需求、任务和兴趣，还要了解0~3岁儿童的个别差异。除此之外，教师还要意识到自己的回应对0~3岁儿童的影响，能有意识地通过回应增强他们的幸福感、自我概念以及好奇心。

以下内容可以帮助你在构建真正的以儿童为中心的0~3岁儿童课程中，增进自身意识，提高自身技能。

221

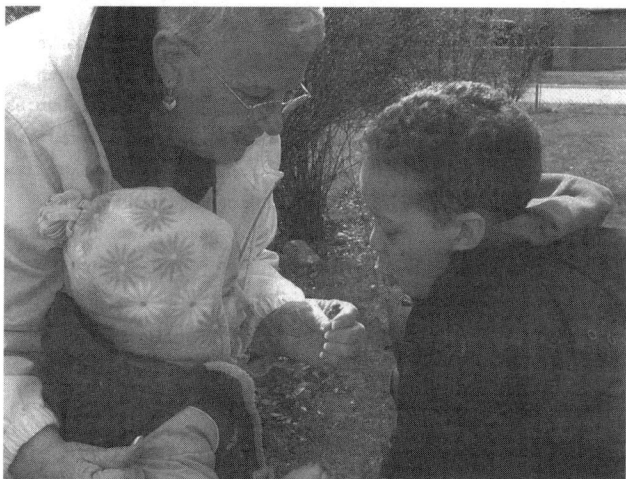

阅读婴幼儿读物

阅读一些婴幼儿读物有助于启迪0~3岁儿童的教师思考如何建构课程，如何在与0~3岁儿童的互动过程中考虑文化的影响。

如在黛博拉·绍克拉特（Deborah Chocolate）创作的《我出生那天》（*On the Day I Was Born*）中，作者通过图文并茂的方式，直截了当地启发读者关注以下主题：温柔、归属感、成为焦点、每个人眼里流露的喜悦之情。设想一下，在你的课程中，如何规划这些主题呢？

如在玛吉·伯恩斯·奈特（Margy Burns Knight）创作的《欢迎宝贝》（*Welcoming Babies*）中，作者介绍了在各种文化传统中培养0~3岁儿童认同感和亲密感的不同方式。细心品味这本书，相信它会对你的工作有所帮助。

分析为0~3岁儿童创作的图画书，有助于了解适合0~3岁儿童的发展主题和探索任务。下面两本书都是玛格丽特·怀斯·布朗创作，其故事深受0~3岁儿童喜爱。

《晚安，月亮》（*Goodnight Moon*，1947）配有简单插画和文字，书中一遍又一遍地重复0~3岁儿童熟知的物品名称。作者给0~3岁儿童呈现了一幅描绘家中常见物品的画面，并通过相同的句式使0~3岁儿童能猜测下一句会怎样表达。引人入胜的写作手法迎合了0~3岁儿童对安全、生活常规的需要和信任。

《逃家小兔》以信任和独立为主题，讲述了一只独立的小兔意志坚定地想要自己爬高山、过大海的过程，其目的只是想让妈妈确认会一直跟着她。

《妈妈，你爱我吗？》由芭芭拉·M. 杰茜（1991）创作。该书用另一种独特的文化视角，讲述了类似《逃家小兔》的故事。同玛格丽特·怀斯·布朗的图书一样，这本书也用鲜活的笔法阐述了0~3岁儿童经历的强烈情感——如果我发了很大脾气，或是如果我淘气了，你是否仍然爱我？

留意其他一些深受0~3岁儿童青睐的图书。自己阅读这些书时，可思考如下问题。

◁ 这本书的插图及其色彩想要表达什么意境？

◁ 图书中语言表达怎么样？韵律是否优美？

◇ 这个故事想要表达什么样的主题？

◇ 这本书反映的是0~3岁儿童什么样的发展任务？

◇ 我如何在工作和日常生活中运用这些知识？

与0~3岁儿童交朋友

223

自己的直觉经验会有助于深入理解以儿童为中心的0~3岁儿童的课程。教师可以找一个或一组同事就以下内容进行研讨，帮助自己了解已有的知识和技能。

在一张纸上画出三列，三列的标题分别是：如何与0~3岁儿童成为朋友？这种方法为什么有效？0~3岁儿童怎么回应你？

就以上三个问题进行头脑风暴，将各种可能的答案罗列在每个标题下面，答案要尽可能详细，要更多地描述细节。

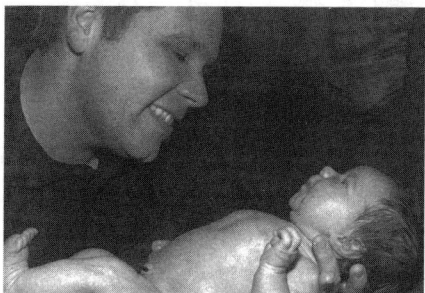

在以上每列的最后一个答案下面画一条分隔线，然后针对与0~3岁儿童的交往情况，再次思考上面三个问题，即如何与0~3岁儿童成为朋友？这种方法为什么有效？0~3岁儿童怎么回应你？然后同样列出各种可能的答案，并尝试回答下面的问题。

◁ 0~3岁儿童有什么特点？他们的兴趣点是什么？

◁ 基于他们的兴趣，成人要如何作出回应？怎样保持与他们的互动？

◁ 他们已经具备了什么样的知识和技能？

◁ 我怎样利用这些信息来思考课程？

◁ 在过程中，我的兴趣与动力的源泉是什么？

◁ 从列表中，我能找到一些观点来支撑我的工作吗？

224 **读懂并回应 0~3 岁儿童的表情**

在对 0~3 岁儿童的照料过程中，教师与他们的互动基本上都借助于非言语的表情神态。在日常生活交流中，教师通过面部表情、声音和语调的变化，可以传递上百种信息。这种非言语的交流方式尽管甚为微妙且多为下意识状态，但却极具表达力。稍微挪动一下身体、转一下头、抚摸或者拥抱，都会将我们对待他及周围环境的信息传递出去。

以下练习可以增强教师在与 0~3 岁儿童互动过程中感受和利用非言语表情的能力。

225 **分析图片**

从杂志、报纸和婴幼儿图书上找些图片来做练习。观看每张图片并回答下列问题，从中解读 0~3 岁儿童的神态并分析如何作出回应。

- ◁ 我对这张图片有什么感觉？
- ◁ 我认为图片上的 0~3 岁儿童想要什么？
- ◁ 0~3 岁儿童对什么感到好奇？他在想什么？
- ◁ 我是怎么知道的？
- ◁ 如果我跟 0~3 岁儿童在一起的话，我怎么回应他？具体做些什么？

你觉得图片中的孩子会如何理解你的回应？尝试从他的角度思考以下问题。

- 我想表达的信息是否成功地传达给这个人？
- 我是有趣的人吗？
- 我的感受能被别人理解和接受吗？
- 我独自一人的话，会安全吗？
- 我害怕什么？
- 我探索一下这个，可以吗？

观察成人与0~3岁儿童之间的互动

当你在餐馆、超市或者商场里见到成人带着0~3岁儿童时，细心观察5分钟，结合上述问题对成人与0~3岁儿童之间的互动进行分析。

通过图片和实际观察后，请你再结合上述问题分析自己在幼儿园与0~3岁儿童的互动。

理解并回应0~3岁儿童表情的原则

226

在不断提高对0~3岁儿童表情的解读和回应能力时，教师要谨记以下原则。

观察。他传递了哪些非言语信息？站在他的立场上思考一下：他想寻找什么？想跟别人表达什么？注意他的身体语言和语调。

评估。在作出回应之前思考一下：是否有其他的干扰因素影响了自己对他的判断？观察自己的身体语言，它是否准确无误地表达自己的意思？你的回应对他来说是不是有效？

接受。不管你对他现在所做或表达的是否赞同或支持，你都要利用身体语言告诉他：你知道他在表达什么。

支持。用一种安全、他可接受的方式帮助其满足兴趣和需求，完成当前正在尝试做的事情。

一日生活皆课程

对0~3岁儿童的照料过程就是0~3岁儿童课程的核心，因为一日生活过程促进了0~3岁儿童的发展，形成了他们积极的自我认同感。教师越能关注日常材料、活动和常规的作用，就越具有"一日生活皆课程"的意识，而这种意识也会让别人感受到。

通过以下活动练习，阐述为什么日常活动至关重要？

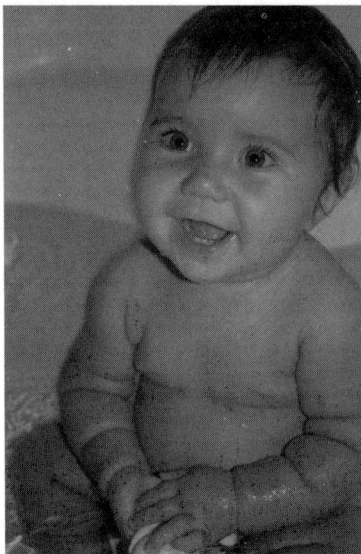

分析日常生活常规

在周围找几份列有0~3岁儿童日常生活中用到的材料和物品名称的目录。在一张纸上画出五列，每列表头分别写上标题：日常生活常规、发生了什么、社会/情感学习、语言/认知学习、感知/动作学习。

将日常生活中的常见物品名称写在"日常生活常规"这一列，在其他几列填入相应的内容。可参考下表中"换尿布台"的案例。

表7-1　和"换尿布台"有关的日常生活常规

日常生活常规	发生了什么	社会/情感学习	语言/认知学习	感知/动作学习
带有阶梯的换尿布台。	他的尿布湿了，想换尿布，教师及时给他换。	教师及时满足了他的需要，增强他的信任感。	他听到教师说的一些词汇。	教师帮助他体会尿布干、湿的不同。
	教师谈论湿尿布。	他得到教师的关注和温情回应，提升了自我价值感。	他将语言与经验联系起来。	他用胳膊和手尝试将裤子提起来。
	教师轻声细语，面带微笑，轻柔地抚摸他。	他体验到温馨的交谈氛围和人际关系。	他将经验和头脑中的形象联系起来。	他练习爬楼梯。
	教师在换尿布时告诉他在做什么。	他参与这一过程，自主性有很大提高。	教师为他探索原因与结果提供了机会。	
	教师对他的兴趣作出回应。	他感到被重视，有成就感。		
	教师让他认识舒适、干净的尿布。			
	教师给他提供自己提裤子的机会。			
	教师帮助他走上、走下换尿布的台子。			

229

培育活跃的心智

近些年，不论是大众媒体还是幼儿教育领域，人们都十分关注0~3岁儿童大脑发育的重要性。其实，这个年龄段的儿童所学的大多是成人很久以前就已经掌握的细微、不连续的经验，只不过我们已经不记得。与此同时，他们总是活蹦乱跳，把事情搞得"一团糟"，喜欢碰一些很危险的东西，所以我们常会阻碍0~3岁儿童对周围世界的探索。教师要有面对环境变化的耐心，才会认识到0~3岁儿童所学内容的重要意义。教师要从细节出发，从0~3岁儿童每一个微小的动作推断背后的心理原因。如果能做到这一点，你就会发现0~3岁儿童做的每一件事情背后都有动机，即便是最年幼的学步儿也不例外。不管0~3岁儿童自己能否意识到这一点，他们的行为都是受动机驱使的。如果能对0~3岁儿童的细微动作进行认真细致观察，那么他们对周围简单事物的深入探索一定也会让教师感到震惊。

教师只有通过日复一日的练习，才能真正察觉0~3岁儿童学习行为的动机。以下的内容练习能够帮助教师更好地回应0~3岁儿童，增进与0~3岁儿童在一起时的学习效果。

从0~3岁儿童的照片中学习

当班上的0~3岁儿童与周围材料或他人互动时，拍摄一些特写镜头的照片。用电脑或相机的照片编辑功能去除掉无关信息，只保留0~3岁儿童和材料或他人互动的图像，并将其放大，这样你就有了一张可供分析的好照片。

230

利用每一张照片做以下练习。

◁ 关注照片的细节，包括0~3岁儿童的身体语言和面部表情——他在看什么、摸什么、玩什么。

◁ 了解0~3岁儿童的看法，设身处地地从他们的角度思考：从这张照片中，你能感受到孩子的视角、兴趣点和好奇点吗？

　　🖎 照片里的0~3岁儿童的哪个细微动作或神情使你判断出他可能正在学什么？

　　🖎 这张照片吸引你的地方在哪里？看到这张照片中0~3岁儿童的动作后，你的感觉是怎样的？有兴趣、好奇、吃惊，还是开心？

　　🖎 拿张纸记下你在这张照片中看到的细节。

　　这些照片会告诉你，0~3岁儿童如何把自己的身体、思想和感情全身心地投入到他们的活动中。

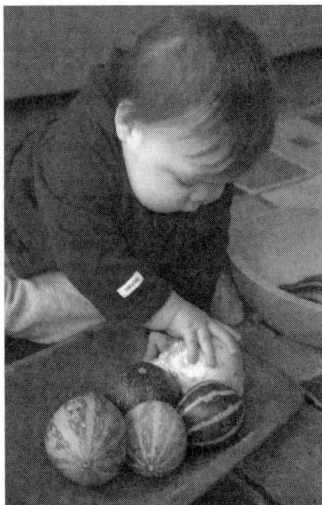

提供参与性活动材料

　　如果仔细研究专门为0~3岁儿童设计的玩具，你会发现，对于想法天马行空的0~3岁儿童来说，这些玩具或多或少地限制了他们的思维发展。它们一般都很动人，坚硬的塑料外壳上印着吸引0~3岁儿童眼球的各种商业卡通人物。这种玩具有固定的玩法：一般在玩具底部或把手处有一个按钮，按住之后发出口哨声或喇叭声，有时还会发光。一旦0~3岁儿童发现了玩具的固定、简单玩法，这个玩具对他也就失去了吸引力。

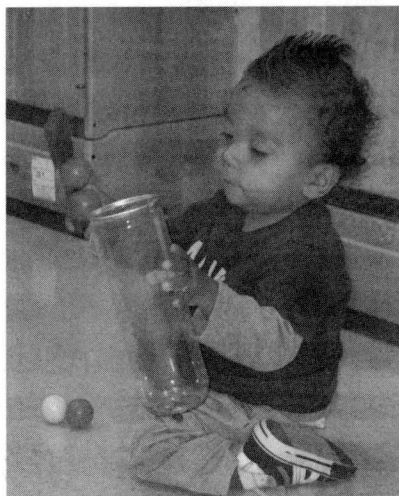

　　在0~3岁儿童学习方面，这些玩具给了教师什么启发？这些玩具设计隐含的理念是：0~3岁儿童自身的能力有限，所以要保持他们的兴趣，就需要能吸引其注意力、具有强烈感官冲击的玩具。但是，这类玩具对0~3岁儿童感知能力的发展却收效甚微，既无助于激发他们活跃的思维和内在的学习意愿，也不能发展他们各方面的技能和能力，同样无助于培养他们的持久注意力。

　　在家庭旧货出售点或旧货市场中，可以买到一些特别的材料。教师只要把这些材料细心组合，就可以增进 0～3 岁儿童在操作材料中的参与性。可以将这些收集来的材料摆放在一块特制的小毯子上。他们看到你摆放小毯子，就知道游戏探索的时间到了。或者教师拿一个袋子或箱子，装入所有的玩具，让他们边猜边一件一件把玩具拿出来。这些做法，都有助于培养他们的专注力。有关如何给 0～3 岁儿童提供材料并进行指导，可参考我们出版的另一本书《和儿童一起学习：促进反思性教学的课程框架》。

以下列出了一些有助于促进 0～3 岁儿童进行探索活动的材料。

按摩工具（massage tools）。从旧货市场收集各种形状和大小的木质物品。天然的木色、不同的纹路和凹凸的质地，都会吸引他们去看、去摸、去操作。其中，轮子以及其他可转动的部件对他们最有吸引力。

皮毛和织物。提供一些柔软蓬松、不同颜色的人造皮毛和其他小块织物及有关动物的有趣图片，把这些材料一起给他们；还可以提供与图片、人造皮毛相对应的填充动物玩具；准备可用于梳理皮毛的小刷子。

管子和球。收集各种长度和宽度的透明塑料管和非透明管子，再提供大小不同的球：手工制作的球、棉球、威浮球、乒乓球、网球、高尔夫球和带有会转动眼珠的球。此外，还可以提供一些不同长度的绳子，以便他们将这些绳子捅进管子里。

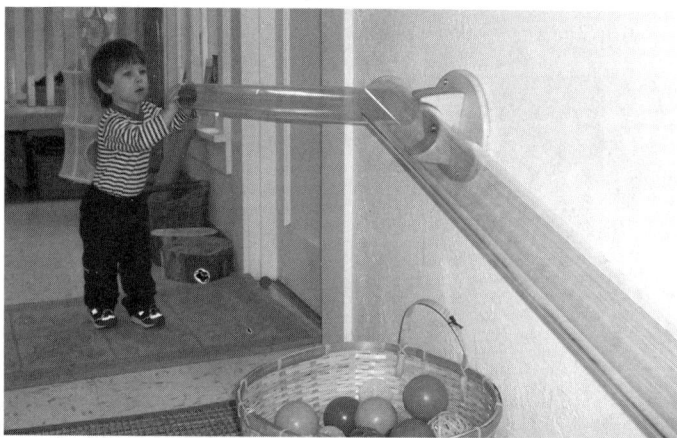

自然材料。收集贝壳、松果、石块、葫芦和豆荚等天然物品，用盒子或篮子将它们分类收藏。

杯垫和餐巾环（coaster sets and napkin rings）。这些东西是他们探索和操作的很好的材料。杯垫有不同大小，需要相应大小的杯子搭配才合适。餐巾环可用来堆积和旋转。如果有一些带子，还可以把餐巾环串起来。

光和色彩。提供手电筒、彩色塑料片、棱镜和其他彩色的半透明物品，让他们透过这些材料察看周围环境，也可以将这些材料用在建构活动中，或去折射彩色投影。如果有可能的话，还可以依次给他们准备一个小的看片台、投影仪或者闪光信号灯，然后将头顶的灯关掉，让他们自由探索不同材料各自呈现的效果。

观察0~3岁儿童对有趣材料的探索

当0~3岁儿童操作材料时，教师观察他们有没有探索下面的问题。

感官探索

- 这个看起来怎么样？
- 这个摸起来怎么样？
- 这个听起来怎么样？
- 这个闻起来怎么样？
- 这个尝起来怎么样？

功能和关系探索

- 它是怎么动的？

- 它的用途是什么？

- 我能用它干什么？

- 这些不同的材料是如何一起工作的？

- 怎样才能把它与其他材料连接起来？

- 它怎么会是这样的？

- 如何在游戏或角色表演中使用它？

你发现了什么？在观察过程中，你是否发现了其他更适合探索的材料？为0~3岁儿童寻找能够吸引他们的有趣材料，会让你觉得这是在为他们搜寻宝藏和礼物。当你在为0~3岁儿童寻找宝藏时，注意以下问题。

- 这些物品的质地、形状和颜色对他们有吸引力吗？

- 他们享受操作这些小道具过程中的探索和发现乐趣吗？

- 这个玩具能帮助他们集中注意力并保持较长时间的有目的的探索吗？

- 这些材料能否支持他们的探索想法？能否激发他们的学习热情？

对0~3岁儿童的探索作出反馈

在分析0~3岁儿童的照片时，如果能发现自己拍到了他们对探索感兴趣的材料，那么你就会发现0~3岁儿童的探索意义。教师观察到他们在探索时，不能贸然对他们的行为作出判断和指导，而是要确定最佳的介入时机，以便为他们提供更多的探索机会。如果行之有效，那么你的回应便会促进他们更深入的探索。

教师对0~3岁儿童探索活动的关注，反过来又会帮助0~3岁儿童保持注意力，并让他们感受到探索活动的价值。教师让他们参与有趣的活动，从而使他们的心智得到启迪。教师使用各种词语描述他们的所作所为、所思所想，既有助于丰富他们的词汇，又帮助他们将抽象的词汇与实际经验联系起来。

教师在了解0~3岁儿童行为背后意义的同时，会让自己也全身心融入0~3岁儿童的活动中，与他们一起探索，这样可以清晰地了解他们探索时的活跃思维。教师对0~3岁儿童作出的回应，也能使他们更确信自己是一名认真的思考者和学习者。

教师在下次和0~3岁儿童一起玩时，可以停下来，观察他们探索丰富奇妙世界的方式，注意他们在探索和发现过程中表现出的卓越能力，尽情分享他们的快乐和活力。在这个过程中，教师将会见证0~3岁儿童复杂的学习方式，如果能融入其中，更会从他们身上学到用全新的奇妙方式认识世界的方法。

0~3岁儿童课程的主题形式

随着对一日生活保教课程的了解，教师会越来越对0~3岁儿童的活跃思维感到惊讶，这时也就不要吝啬自己的赞美，要给予他们应有的表扬。你可以在课程设计中运用下面的表格，将教师与0~3岁儿童有意义的互动和经验表现出来。

表7-2 提高自理能力的课程

提高自理能力的环境和材料	提高自理能力的常规和互动	0~3岁儿童行为观察记录

表 7-3 发展语言能力的课程

发展语言能力的 环境和材料	发展语言能力的 常规和互动	0~3 岁儿童行为观察记录

表 7-4 发展认知能力的课程

发展认知能力的 环境和材料	发展认知能力的 常规和互动	0~3 岁儿童行为观察记录

表 7-5 自我认同和自尊的课程

提高自我认同和自尊的 环境和材料	提高自我认同和自尊的 常规和互动	0~3 岁儿童行为观察记录

237

 ### 案例分享

下面的案例讲的是教师德布·柯蒂斯的故事。她从事了数十年的幼儿教育工作，也当过教师培训员，之后又重新回来从事0~3岁儿童的教育工作。即便积累了丰富的教育经验，她依然对自己的教师角色会不断有新的认识。阅读下面这个故事，思考她为什么使用"冲浪"这个词？多年后回首往事时，这个词又注入了什么新的内涵？结合自己的工作，思考一下什么样的方法和理念在指导你从事0~3岁儿童的教育工作？

再次冲浪：重返0~3岁儿童教育工作岗位的故事

(讲述人：德布·柯蒂斯，0~3岁儿童的教师)

我又重新回到了以前工作过的工作岗位。我已有15年未曾像现在这样每天与孩子们相处。记得踏入幼儿教育行业前，自己也曾受过几年的教师培训。在那期间，我学到了很多与孩子相处的策略和关于孩子发展的知识。但像现在这样，工作一段时间后能停下来反思过去的工作，展望下一步该怎么办，这种感觉真的很棒。重新工作几周后，我和孩子们又开始建立起了良好的关系，开始彼此了解。他们似乎也很喜欢我。我觉得我依旧擅长和他们相处。

有时候，我还是有点儿谨慎和笨拙。我依然需要学习如何体会工作的真谛。我接触的这群孩子无论在身体运动还是情感表现上，都似乎有一种规律：有时能专心致志地从事活动，相互配合得很好，一切都井然有序，教室里飘荡的声音如同优美的旋律；有时这种节奏会被嘈杂的声音取代，每个孩子都按自己的节奏活动，教室里的嘈杂声此起彼伏。如果没有办法让他们停下来，我就只能在一旁细心观看，伺机有所回应，同时预测接下来会发生什么并提前准备。只有当事情真正发生时，我再伺机行事。我在关注孩子的同时，也只能这样。

这使我想起在大海里学游泳的经历。泡入海水后，我只有短暂的时间去感受海浪的节奏。接下来，我就要预测海浪会怎样变化，并根据海浪的变化调整自己的动作，同时对当前发生的事有全盘观察和掌握。我永远无法控制或改变浪花，只能学习如何去适应浪花的节奏，从而使自己前行。我要学会什么时候游到浪尖，否则会错过逐浪前行的机会。我要掌握冲到浪底的时机，否则将会被海浪卷到岸上。如果真是这样，我很快会意识到要放松，然后随波逐流。如果追上了浪头，我就要在它达到最高峰的时候平稳地跟随着它，再慢慢地随着它的节奏荡回谷底。但如果不按此方法去顺应潮流，而按照自己的节奏去跟海浪对抗，我在海里的经历会异常可怕且会让人筋疲力尽。

上述感受也是我重新从事0~3岁儿童教育工作时的真实写照。但这并不是我不知道何时需要去管理他们，而是担心我不知道如何去管理。很幸运，自己很快就遇到了管理孩子的问题，于是自己也很快就回想起过去的经历。我想，与孩子相处的关键并不在于如何计划和引导，而是学会如何去顺应。

2010 年后记：回顾与展望

我又从事了多年的幼儿园工作。时至今日，我坚信 14 年前写的那些东西依然是我的思想基础。孩子活在当下，他们全情地感受生活的喜悦，接受生活的挑战。从孩子们身上，我学到了很多：包容、享受当下的生活、耐心和随机应变。

了解孩子的节奏，才能顺水推舟，把握时机，逐浪而行。0~3 岁儿童教育工作的关键在于不能逆着孩子的天性行事。我控制不了孩子，我也不想控制他们。现在看起来，我之前对自己的角色定位并不太积极。

今天，我对于冲浪的比喻有了更多的认识和理解，不再只停留在发现浪来了又走了和随波逐流上。现在，我更倾向于把自己看作一个冲浪者。基于对海浪的理解和自己的冲浪技术，我会最大限度地利用海浪的特点。冲浪者最了解海浪，他能够看到浪的力量，尊重其天性，知道自己虽无法控制它，但可以在追逐和驾驭浪花的过程中提高搏击海浪的技能。他知道如何把握平衡冲上浪尖，立于高处。他知道如何利用冲浪板使自己冲上浪峰，并寻找到合适的时机滑行于波涛之间。冲浪者的角色是积极的，因为他不断在观察千变万化的浪花，调整自己的关注点，进而观察接下来会发生什么，并找好下一个能趁势前行的波浪。海浪和冲浪者谁也不控制谁，他们之间是合作配合的关系。

现在，我和 0~3 岁儿童的相处也是这种关系。我会更积极地给他们一些建议，而不只是等待他们靠自己的内驱力前进。我给他们提供各种材料，组织有趣的活动，激发他们对周围环境的探索的热情。我观察他们的互动和彼此间的对话，设置新的情境使他们回顾自己的游戏方式、友谊和合作关系。我见识过他们的能力，我佩服他们爆发出的能力和潜能，深信自己的指导会起作用。我们并肩工作，一起出谋划策，共同提高能力，释放热情。我们共同学习、创造价值，而这也是合作的结果。

241

思考与分析

给德布发邮件（DCurtisReflect@gmail.com），对她如何在课程中体现对 0~3 岁儿童的尊重，发表自己的看法。建议围绕下面的问题发表看法。

- 在德布最初的故事及十几年后的反思中，她对自己有什么不同的认识？
- 她对于 "0~3 岁儿童的视角" 有什么新的见解？
- 你怎么看待德布的儿童观？
- 在和 0~3 岁儿童相处的过程中，她对教师角色的看法发生了哪些转变？

实践运用

0~3 岁儿童保教方法的反思与记录

通过下列问题，反思你目前对 0~3 岁儿童采取的保教方法，在空白处把你的反思记录下来。

1. 怎样才能更充分地意识到非言语信号对 0~3 岁儿童的作用？

_____

_____

_____

2. 为了将观察发现记录下来，可以将哪些日常生活常规纳入课程计划？

_____

_____

_____

_____

3. 为了激发0~3岁儿童的活跃思维，你准备给他们提供哪些新材料？

_____

_____

_____

_____

_____

4. 为了提高0~3岁儿童的好奇心和学习欲望，你会采取什么行动？

_____

_____

_____

_____

5. 你还想做哪些改变？

_____

_____

_____

_____

第八章

课程设计的组织与评价

245 **自我反思**

　　如果有人要你描述什么是以儿童为中心的课程，你会怎么回答？请将浮现在你脑海里的想法写在下面的空白处。

_____

_____

_____

_____

_____

_____

246　　每个月，幼儿园园长都要求教师提交课程计划。教师想要运用以儿童为中心的课程模式，把计划建立在对幼儿生活和游戏观察的基础上。但是，幼儿园的保教管理者告诉教师，美国各州政府制定的早期儿童学习标准则要求幼儿园要建设基于研究的课程模式。在此背景下，如何运用以儿童为中心的课程计划达到州政府的要求呢？教师希望以儿童为中心建构课程，因此一直在仔细观察幼儿的行为，聆听幼儿的心声，但是迄今为止也未曾想到很好的主题。如幼儿只谈论蝙蝠侠和芭比娃娃，而你却想让他们减少对这方面内容的兴趣，该怎样做呢？一位家长看到的一篇官方报道内容大致是：幼儿入学前并未做好入学准备，幼儿园应更注重幼儿的知识学习。教师虽然深知以儿童为中心的课程、游戏都可以实现，但似乎周围一切都在作对。教师要如何说服家长，让家长相信教师的方法可行呢？

表面上看来，本书倡导的以儿童为中心的课程经常受限于所谓基于研究的各种课程要求，也常有悖于幼儿教育管理者和家长对幼儿教育的期望。其实，对于教育失败的根源，我们心中存在非常多的误解和错误指责。

尽管如此，我们心中有一点却十分清楚：以儿童为中心、与文化相关联的课程模式其实有坚实的理论支撑。该课程建立在对教与学及对幼儿自我认同发展研究的基础上。我们在教育中用心地运用这样的课程方法，就可以最大限度地发展幼儿的能力，满足他们的学习兴趣并与之建立良好的师生关系，达到既定的教育标准。作为一名倡导以儿童为中心课程的教师，你要面对的挑战是如何在教育活动中有条不紊地向家长和其他人描述自己做了什么，为什么这样做。同时，你还要持续学会如何将理论转化为实际操作，如何将操作与理论相辅相成。

课程设计的起点

许多教师刚接触以儿童为中心的课程时，会感到不知所措。只要一想到遵循以儿童为中心，教师的脑海里必定会浮现出一片混乱的景象。以下是教师的一些典型反应。

"我怎么能让孩子想干什么就干什么呢？"

"家长们会怎么说？"

"孩子这样会什么都学不到！"

从表面上看，"以儿童为中心"听上去像是教师对幼儿发展和教育没有目标或标准。你的脑海中也会出现这样的场景：教师坐在旁边，等待幼儿想到或作出什么。但事实绝非如此！当真正研究本书倡导的以儿童为中心的教育理论时，你会发现，相对于传统课程而言，以儿童为中心的课程在教育和学习方面更复杂。从课程结构上看，以儿童为中心的课程一点也不逊色于教师主导的课程，其结构源自教师坚信幼儿有能力专注于他们感兴趣的事物。幼儿应该享有基于自己兴趣而建构的课程，而不是一味循规蹈矩于教师提供的活动手册或撰写的计划。教师要十分用心地创设教育环境，不仅要有丰富、有趣的材料，还要营造一种能激励学习的文化氛围。为了达到幼儿教育的各种学习标准，教师要细心观察幼儿如何参与活动。有心的教师十分重视幼儿的想法，并会将其融合到课程设计中。

(248) 课程共同建构

对于多数教师而言，进行以儿童为中心的课程建构需经历一个漫长的过程。教师只有经过一定的时间积累，才能做到以下这些方面。

- **转换**视角，认识到什么是真正的课程。
- **建立**与幼儿、家庭及同事的合作关系。
- **设计**并维护精心创设的环境。
- **营造**幼儿自我管理、关心他人的班级文化，建立一日生活常规、节庆活动等制度。
- **提升**观察幼儿的技巧。
- **学会**对幼儿的思考及发展进行分析，认识到各学习领域中不同要素之间的新关系及复杂性。
- **练习**新技能，尝试新想法。
- **体验**信任带来的感动，体验共同建构课程带来的乐趣。

下面的描述以及本书其他章节分享的案例，都体现了教师以儿童为中心的教学思想。面对学业压力及升学考试的压力，一些教育工作者对课程做了调整，但这些调整的意义却很重大。其他人也会据此对以儿童兴趣和需要为基础的课程计划、评价及对幼儿的反馈有了更全面和更深入的理解。

课程的计划和实施，可以从教师觉得最方便的地方开始。或许你可以每天腾出一点时间专注于幼儿的兴趣。在引入传统课程主题或预成课程时，你可能会发现幼儿已经在探寻自己的问题，此时开始，你就可以放弃预成的课程计划，而依循幼儿感兴趣的话题内容开展活动。或许某一天，你会从日常活动中整合出一套回应性的以儿童为中心的课程模式。教师以这种方式和幼儿一起创建课程，其最后的努力也会绽放出成功的花朵。教师也会在课程主题和项目设计实施中发现新的意义。

以儿童为中心的课程主题设计

回顾一下自己在本书前七章中进行的自我反思和分析，然后思考以下哪种以儿童为中心的课程方法体现了自己现在的想法或教学思路？你对自己现在做的事情满意吗？还是希望学习并采用其他的方法？

可以阅读完本书所有章节的案例后再重温自己的反思。在此过程中，教师不断思考对课程计划的认识和理解，其间可不时地反躬自问。

- 对于课程计划，我是否还有一些认识不是很清晰？
- 更深入的学习或掌握其他一些技能是否会对自己有帮助？
- 谁可以做我的榜样或导师？
- 如果我作为榜样或者导师，可以帮到什么人？

基于对以上问题的反思，教师可以制订一个专业发展计划，可以在互联网上寻找资料，参与社区组织的活动，或者参观关注游戏，以课程来回应幼儿。

当前随机性的课程主题

热衷于当前随机而来的课程主题的幼儿园教师对课程计划的认识会有一些变化，但这种变化却意义重大。尽管他可能还在使用一般的主题设计方法，但这些主题却源于幼儿在生活中表现出来的兴趣或经历的事件，而并不是源于一年前教师已准备好的课程计划。

如自己城市的棒球队可能在世界赛事中出现，所有的幼儿和家人都非常兴奋。此时，教师可用棒球作为主题来计划课程活动、项目或者郊游。

环境主题

教师观察幼儿如何运用室内不同区域的材料。开展环境主题的教师会补充新的材料和活动，提高幼儿的参与度，并为幼儿的深入探究提供支持。

如教师发现积木区有很多幼儿在搭建积木，因此，他在美工区和表演区等区角都增添了许多不同种类的积木、搭建材料、建筑图片以及相关道具。

发展性主题

教师在了解幼儿感官运动发展特点和游戏发展阶段的基础上，可以观察幼儿正在尝试完成的发展性任务。这样，教师能提供更多的互动机会、活动和材料，支持幼儿的学习过程。

如保教人员观察到他照看的不足 1 岁的婴儿想找到可支撑的物体，以便自己站起来可以走路。因此，他为这些婴儿提供了家具或垫子等作为抓手，为婴儿学走路提供支撑。这样，婴儿可以有东西抓着站起来，练习走路。教师也可以添置一些结实的带轮子的玩具，让婴儿推着玩具学习走路。

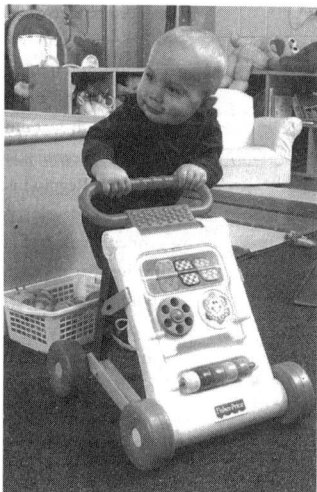

项目主题

运用项目主题的教师会根据幼儿在游戏中表现出来的想法和兴趣，为幼儿提供各种材料和活动，帮助他们拓展探究的各种机会。

如幼儿在表演区玩"照顾生病宝宝"的游戏，教师为幼儿添加医生和药物的道具，丰富游戏的内容。接下来，为了延展游戏主题，他在美工区提供了盒子、车轮和涂料，让幼儿制作自己的救护车。教师甚至还组织幼儿参观诊所和医院，或邀请护士、医生和急诊医师与幼儿交谈。

深度研究的主题

这一主题的开展包括了复杂的活动组织形式，以及教师细致观察和分析幼儿围绕主题作出的思考及表现出的行为。在此基础上，教师提供多种途径让幼儿探索和建构他们对主题的理解。瑞吉欧把这一方法称为"儿童的百种语言"。教师通过为幼儿提供帮助，促进幼儿进行持续的探索活动，激发幼儿思维的发展。教师重视幼儿探究的重要性，提供更多的机会让幼儿探索。探究也成了许多发展性主题开展的载体，也有助于达到美国各州政府设定的教育标准。教师和幼儿共同建构课程，这种深入的探究式学习通常会持续数月。从本书第四至第五章的案例分享，我们发现教师为幼儿的探究提供支持是一个复杂的过程。我们出版的《和儿童一起学习：促进反思性教学的课程框架》以及其他有关瑞吉欧的著述中，都可以找到这方面的资料。

在研发个人的以儿童为中心的课程时，教师可以探寻适合自己的课程设计过程。这一过程包括如何确定自己的关注点，如何找到课程发展的方向，然后确定采用哪种记录事件的方法来记录幼儿参与课程、假设验证、想法实现的全过程。教师要思考一些策略，将呈现出的事件与学习内容和幼儿教育标准联系起来。

课程设计的环节

在基于幼儿兴趣和发展性主题建构的基础上，为了使各项工作能有条不紊地开展，教师需要事先做好以下工作。

- 创设一个精心计划、视觉愉悦并有吸引力的室内学习环境。
- 制订一个基本的日程表和规范，让幼儿感到安全和自主。
- 制订一套确定课程主题的工作指南。
- 认识到自己在与幼儿互动或实施干预过程中的新角色、特点和技巧。

252

253 学习环境与常规

如前所述，教师要相信幼儿会沉浸于自己感兴趣的事物中。而教师的这一信念与学习环境和常规一起构成了支撑以儿童为中心的课程的基础，这也

是课程设计成功的保障。倘若没有精心、持续地创设引人入胜的学习环境，就可能会使幼儿感到百无聊赖、焦躁不安，并随之萌发出各种不良行为。教师运用以儿童为中心的课程方法时，需要不断计划和调整环境并为幼儿提供材料。同样，在建立班级常规的过程中，教师也要认真引导幼儿参与，通过发展幼儿的自律能力，帮助他们发展自我认同感。在我们出版的另外两本书《为生活与学习的设计》与《和儿童一起学习：促进反思性教学的课程框架》中，你会发现关于这些基本要素的一些想法。

◁ 提供井然有序、令人赏心悦目的环境，提供各种材料激发幼儿感官，启发幼儿好奇心，鼓励幼儿探究。

◁ 为幼儿的探究和游戏预留充足的时间。

◁ 创设可容纳一组幼儿活动的空间，以便他们能持续探究或深入学习。

◁ 在幼儿身边广泛运用可以表征幼儿生活、家庭和班级环境的事物。

课程设计的指导原则

教师如果密切关注幼儿的游戏和对话，那么每天都能发掘出许多可用于课程设计的主题。为了避免走弯路或者失去重心，在课程设计过程中，教师可参考以下的指导原则。

- 物色能拓展为一个项目或探究活动的主题。
- 选择体现自身价值观，并能满足自己和幼儿好奇心的项目。
- 选择易于幼儿观察和参与探究的主题。
- 设计能不断衍生出复杂性和关联性的系列活动。
- 提供多种方法，让幼儿能探究、表现和重温曾经的想法。

教师的角色及其应掌握的技能

许多教育工作者认为教育只是讲授或教诲的过程。但是采用以儿童为中心的方式进行教育时，教师则需要掌握新的思考和行为方式。与其更多地提问幼儿，教师应更多地反躬自问。课程设计是一个循环的过程。在这个过程中，教师更好地认识自己，同时明确意识到幼儿的需要及教师为他们设定的目标。教师要不断密切与同事和幼儿家长的联系。

- 认识自己，了解自己的兴趣点、价值观和感兴趣的话题。
- 聆听、观察、记录和分析。
- 从同事和幼儿家庭中发现新的设计视角。
- 开展创新性的项目，吸引幼儿的注意力。
- 以幼儿的视角、问题和追求作为出发点。
- 熟悉有关学科领域（科学、数学、语言）的语言和概念，了解如何借助幼儿的自发活动和兴趣为幼儿学习提供支持。
- 记录项目的学习进程。
- 用记录的材料帮助幼儿重温和拓展他们的想法、问题和兴趣。
- 用记录的材料帮助分析和评估实施的课程是否能让幼儿参与到复杂的思考过程中，是否能取得预期的成效。

课程设计的过程

课程源自多方面，既可能源于对幼儿兴趣的观察，也可能源于幼儿家庭、经历、社区和季节的变迁。课程也可能源自教师的生活，如教师的兴趣、爱好或者影响教师的某件事。

256

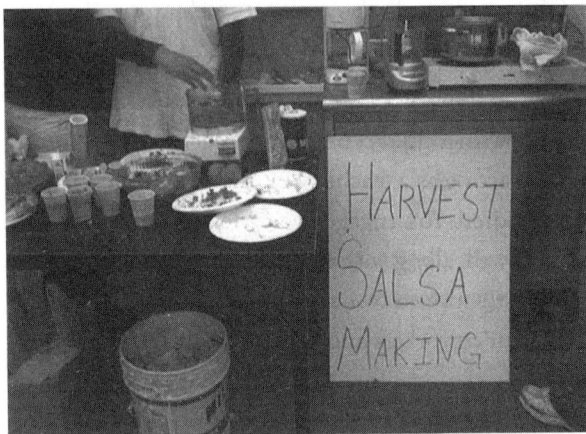

课程导入有多种方式，如班级集体活动的某件事、教师激发幼儿探究与体验的某个问题。一旦过程开始，教师的主要工作就是观察。将问题导向自己而非幼儿，这样会帮助教师跟随它们的指引，为幼儿提供所需的资源和支持。教师的自我分析，能帮助教师评估自己的决定是否能建构一个让幼儿全身心投入的课程。在课程构建过程中，对以下问题的思考能为教师的观察提供指引。

- 幼儿觉得这个活动哪里有趣？
- 他们已经获得了哪些知识，是清晰准确的，抑或模糊不清？
- 他们的问题是什么？
- 他们把自己的理解表达出来了吗？
- 他们的游戏活动体现了哪些学习领域的要求？

课程设计过程的四个步骤

以儿童为中心的课程设计过程可以遵循以下四个步骤。

步骤 1：最初准备的环境

为幼儿的探究提供足够的材料和空间。哪些道具可以帮助幼儿探究某一特定的主题？这些道具如何布置才会引人入胜、激励幼儿思考？思考一下，在表演区、积木区、美工区和桌面游戏区的道具应该如何布置？如果游戏的主题是照看婴儿，教师可以提供玩具娃娃、毯子和床等道具，让幼儿看看新生儿或孕妇，或录一段婴儿啼哭的片段在娃娃家播放，这些做法都能营造有启发性的环境，激起幼儿的兴趣。

当幼儿开始使用提供的游戏材料时，教师通过细致观察，确定接下来要提供哪些材料和支持。对以下问题的思考有助于教师获取更多的信息。

- 幼儿如何运用提供的材料？
- 幼儿感到有趣、好玩的材料有什么特点？哪些材料较少被用到？为什么？
- 幼儿谈论和呈现的是什么主题？
- 幼儿在游戏中涉及什么经历、人物和物品？
- 幼儿正在发明、询问和理解什么？
- 幼儿的兴趣中心涉及的潜在或发展性主题是什么？
- 幼儿的游戏体现了哪些学习领域的特点？

步骤2：支持幼儿游戏的方法

当幼儿沉浸于一个游戏主题时，教师可以做许多事情来支持幼儿进行的游戏。如在照看婴儿的主题中，教师可以为幼儿提供更多的道具——水瓶、高脚凳、儿童汽车座椅、澡盆、婴儿车、吊带、后背婴儿袋，还可以提供一系列照片，包括幼儿、家庭或者教师自己的儿时照片。在这个时候，教师要尽量减少自己的参与程度，仅在必要时提出开放性问题、发表指导性言论，帮助幼儿解决问题，为幼儿提供解决问题的方案，确保幼儿的游戏能持续进行。

在幼儿持续进行游戏时，教师依然要观察，通过询问下列问题帮助幼儿丰富游戏主题，促进幼儿的学习。

⤸ 还有哪些材料可以让幼儿拓展自身的经历或表现自己的想法或感受？

⤸ 还有哪些是相关的游戏活动？如何将知识学习或美国各州政府的教育标准融合在游戏中？

⤸ 幼儿如何建构日常生活经验？

⤸ 幼儿想到了什么样的新主意、解决方法和答案？有没有什么方法可以将这些想法深化或者进一步激发幼儿思考？

步骤3：丰富和增加游戏复杂性的方法

如果发现幼儿的兴趣消退或者需要增进游戏的复杂性才能保持兴趣，那么教师可以提供新的道具来丰富游戏内容，激发幼儿新的游戏想法。以下是教师在这一过程中可以自我反思的问题。

⤸ 我可以提供什么材料，把游戏和幼儿的家庭生活联系起来？

⤸ 幼儿家庭的文化差异与游戏主题相关吗？是否可以对此进行探究？

⤸ 可以去哪里参观？邀请社区中的哪些人参与游戏？

⤸ 如何增加游戏的复杂性，激发幼儿更深入地思考？

如在照看婴儿的游戏中，教师可以尝试以下做法。

⤸ 提供医生药箱和关于婴儿成长发展的书籍。

⤸ 提供告示板和笔，写下预约医生的时间和药方等。

⤸ 提供磅秤和量尺，给婴儿量体重和身高，制作成长记录表。

♦ 开展相关游戏，让幼儿将婴儿时和现在的照片相匹配。

♦ 把真正的婴儿带到幼儿园，或者带幼儿一起参观照看婴儿的场所。

♦ 探究婴儿如何来到这个世界，如何成长。

♦ 介绍不同动物的幼崽，可以按照不同动物幼崽的出生方式进行分类，如分为哺乳类动物、鸟类、两栖动物等。

步骤4：供幼儿展示和表征的不同方法

表征，即用符号表达观点，是广义的语言和阅读能力发展的基础。在发展幼儿思考能力的过程中，一个重要的步骤就是为他们提供机会，让他们用不同材料表达自己的理解。瑞吉欧将其称为"儿童的百种语言"。鼓励幼儿用新的或者不同的方式表达自己的观点，有助于拓展幼儿的符号思维、创造性表达和视觉阅读能力。幼儿的游戏和想法可以通过绘画、雕刻、废旧材料制作、讲故事或戏剧表演等方式进行表征。材料的选择取决于幼儿的专注点，也取决于教师让幼儿保持参与游戏活动的有意义想法。

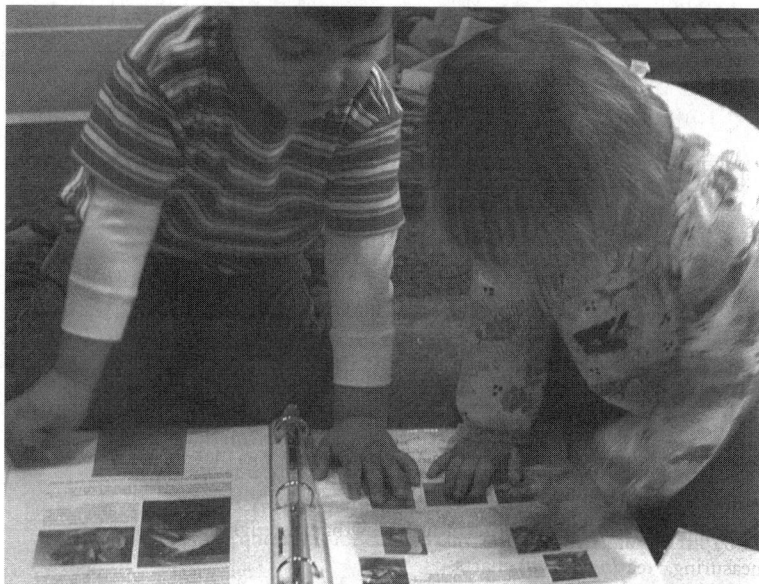

教师如果制订一个常规，要求幼儿将自己的想法或在积木区搭建的作品画下来，那么就会发现幼儿已经开始采用表征的方法。教师可以依据自己的好奇心向幼儿提问，激发幼儿更深入的思考，也可以建议幼儿与同伴合作，

或者把所有幼儿的图画整合进行完整展示。如在照看婴儿这个主题中，教师可以尝试下面的做法。

261

      ◁ 建议幼儿复述或者讲一个关于照顾婴儿的故事。

      ◁ 邀请幼儿画出喂养婴儿的不同方法，鼓励幼儿思考哪些食物不需要咀嚼以及不同文化情景下各自的喂养方法。

      ◁ 给幼儿提供黏土，让幼儿制作婴儿食物或者捏制不同年龄段的人或动物。

      ◁ 建议幼儿看图，了解不同文化中人们抱婴儿的不同方式，让幼儿自己制作道具表演出来。

课程发展过程的记录

记录在幼儿教育领域逐渐被重视。教师既可以将记录看作是可有可无的事情，也可以将其视为研发有意义的以儿童为中心课程的重要内容。如果将记录看作了解在教育工作中与幼儿互动的重要方式，那么记录就能成为教师重要的学习手段。

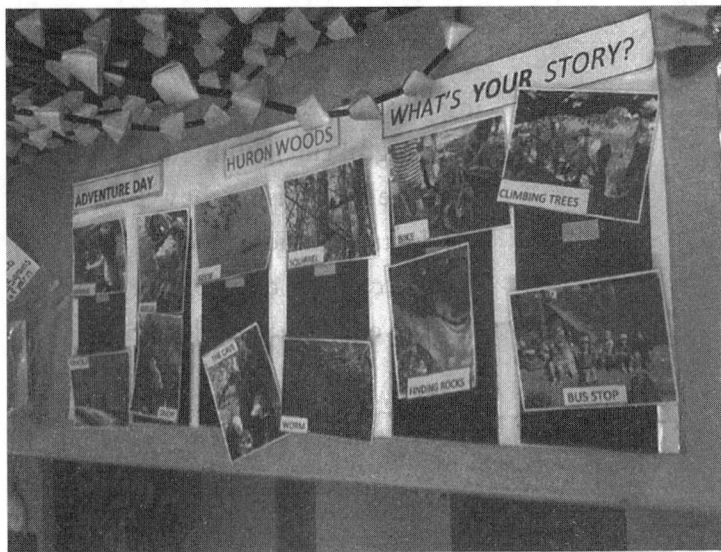

教师首先将记录看作一个过程，其次再看作一个结果。在这个过程中，记录成为课程活动的一部分。将幼儿的活动表达和再现，是教师的工作内容之一。

- 将幼儿讲的话记下来，再读给他们听。
- 给幼儿照相，再和他们一起为照片取个名字。
- 和幼儿一起讲述他们所从事活动的有关故事。
- 根据活动，幼儿在家编制一本自制图书。
- 将幼儿搭建的积木等作品画下来，然后复印一份贴在积木区旁边，或放在美工区里。

幼儿对于教师展示他们的作品会兴奋不已，因为这意味着自己得到了教师的认同。这种被认同的感觉，反过来又进一步激发幼儿展示自己的意愿。将幼儿的活动再现出来，是激励幼儿学习的有效方法。经验并不是唯一的教师。事实上，对经验的回顾与反思往往能使人们获得最有价值的认识。

记录是一个过程

记录是一个过程，它可以帮助教师思考班级教学活动的开展情况，也有助于教师将观察到的内容用于构建对幼儿更有意义的课程。以下图表有助于教师更直观地了解记录的过程及其作用。

我们的另一本书《意识的艺术：观察如何改变教学》（*The Art of Awareness：How Observation Can Transform Your Teaching*，2000）也值得大家参考，里面有许多关于记录的内容。

263

儿童、家庭、社区或者教师要求

观察和选择要记录与收集的内容

环境创设或增加材料

决定并采取行动

作为过程的记录

观察和选择要记录与收集的内容

头脑风暴的各种机会和可能性

分析可能的意义和重要性

与幼儿、家庭、同事分享笔记和照片

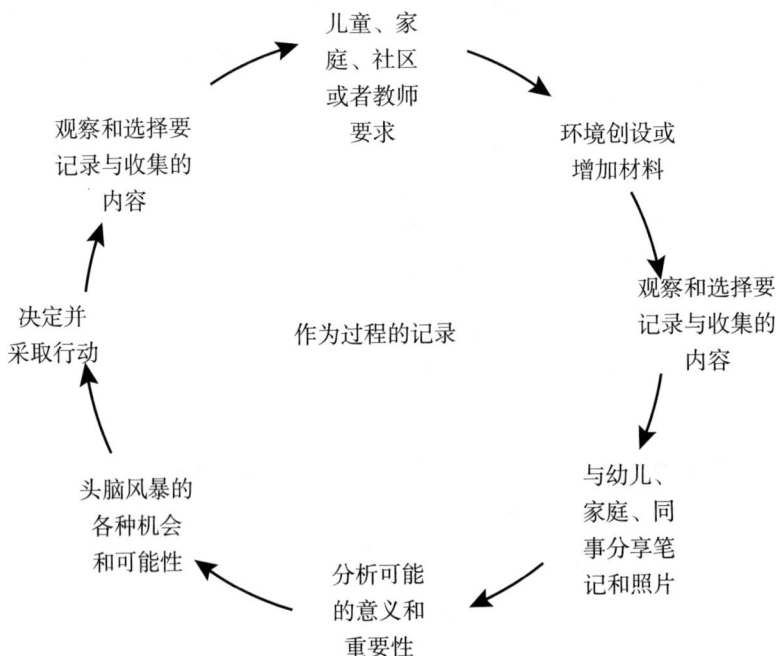

图 8-1　作为过程的记录

记录是一个结果

264

　　不同时期，教师会挑选各种观察到的故事、照片或幼儿作品向他人展示。其中，有些是给成人看的，有些则是为幼儿准备的。教师可以将记录结果复印后存放在幼儿成长档案袋中。这些记录也可用于评估工作。如果记录中的某个片段很好地展现了幼儿某方面的能力，或者体现了幼儿探究的深度，那么教师可以将这些片段在展示板上张贴出来，以引起人们的关注。就此而言，记录不仅是一组照片和标题。当创建记录并将其放入档案袋或在展示板上张贴时，教师记得要加入对幼儿思考的陈述并展示他们的兴趣、问题、想法及表现的过程。我们在 1996 年出版的图书《传播新闻：幼儿教育案例分享》（*Spreading the News*：*Sharing the Stories of Early Childhood Education*）一书中对此有许多论述。以下问题有助于教师思考如何展示观察到的内容。

　　◀ 这一切是如何开始的？幼儿的初始想法是什么？哪些是他们的最初行为？

◁ 你是如何解读发生事件的意义的？什么值得继续探寻？为什么？

◁ 幼儿在活动中超时怎么办？

◁ 幼儿的想法和行为是怎样变化的？

◁ 如何总结与标准（预期结果）相关的各方面的学习情况？

◁ 哪些问题、机会或者可能性能增进游戏活动的复杂性？

下图将告诉教师如何将记录作为一种成果显现出来。

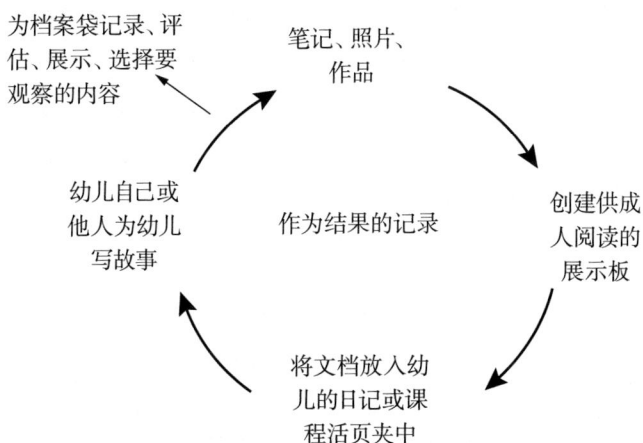

图 8-2　作为结果的记录

课程设计过程的练习

重温前述课程设计过程的四个步骤，然后结合这些步骤进行下面的练习。根据观察结果，制订一份课程计划。情境是教师发现幼儿不停地假装打电话。做此练习时，请你重温课程设计的指导原则。

1. 最初准备的环境：

_____

_____

_____

_____

2. 支持幼儿游戏的方法：

_____

_____

_____

_____

3. 丰富和增加游戏复杂性的方法：

_____

_____

_____

_____

4. 供幼儿展示和表征的不同方法：

_____

_____

_____

_____

结合观察，进行课程设计练习。情境是教师了解到，幼儿看到新闻报道的大火时，显得十分兴奋。基于这一观察，教师加入自己的想法，使这一可能的主题内容更加丰富。

1. 最初准备的环境：

_____

_____

_____

_____

2. 支持幼儿游戏的方法：

_____

_____

_____

_____

3. 丰富和增加游戏复杂性的方法：

_____

_____

_____

_____

4. 供幼儿展示和表征的不同方法：

_____

_____

_____

_____

课程设计的内容展示

许多人在进行幼儿园课程设计时，习惯于用小学、初中和高中的课程模式作为参照。督学、家长、监管机构到幼儿园巡查时，可能都期望看到一张张贴在教室里的课程表。这些人认为，这张课程表说明幼儿园教给了幼儿正式入学前所需要学习的各种知识。

本书倡导的以儿童为中心的课程在设计时充分考虑幼儿的兴趣、能力、问题和想法，因此它不同于预设的课程或活动手册。以儿童为中心的课程计划不能禁锢在一周每日每时的条框里。这也意味着教师需要与家长、管理层、州政府督学等其他人沟通，让他们明白到幼儿园后要看什么。教师需要帮助他们理解自己使用的方法，让他们认识到自己的方法如何达成他们的要求和期望。教师需要清晰地向他们阐述自己对学习领域内容的理解，以及如何将这些领域内容融入课程中。

教师可以用不同的策略来描述课程设计的过程或对书面课程计划要求作出回应。下面提供的案例可供教师参考，也可以根据自己的需要做调整。通过试用，教师会逐渐找到适合自己教学的模式，同时满足他人的期望。在《和儿童一起学习：促进反思性教学的课程框架》一书中，教师也可以找到更多的案例。

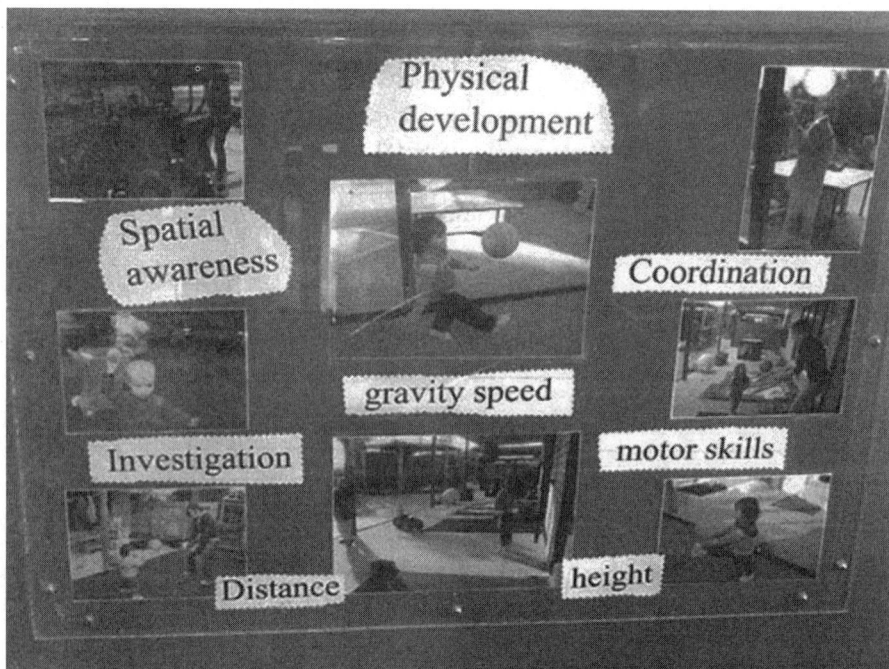

　　建议教师采用以下表格，表述自己对课程设计的前期构想。如果必须使用预设的计划表，则可以将案例中"最初准备的环境—支持幼儿游戏的方法—丰富和增加游戏复杂性的方法—供幼儿展示和表征的不同方法"转换成符合相关要求的格式。在课程的开展过程中，教师依然可以使用符合相关要求的表格记录发生的事件。

表 8-1　课程设计过程

班级：_____

项目主题：_____

1. 最初准备的环境：

_____

_____

_____

_____

2. 支持幼儿游戏的方法：

_____

_____

_____

_____

3. 丰富和增加游戏复杂性的方法：

_____

_____

_____

_____

4. 供幼儿展示和表征的不同方法：

_____

_____

_____

_____

彩色编码网络图

网络图可随时记录课程的生成过程，可以用一种颜色表示幼儿的兴趣和回应，另一种颜色表示教师为幼儿提供的材料、所做的干预及丰富游戏内容的手段等。以下范例可供参考。

例如，教师读《欢迎宝贝》一书。

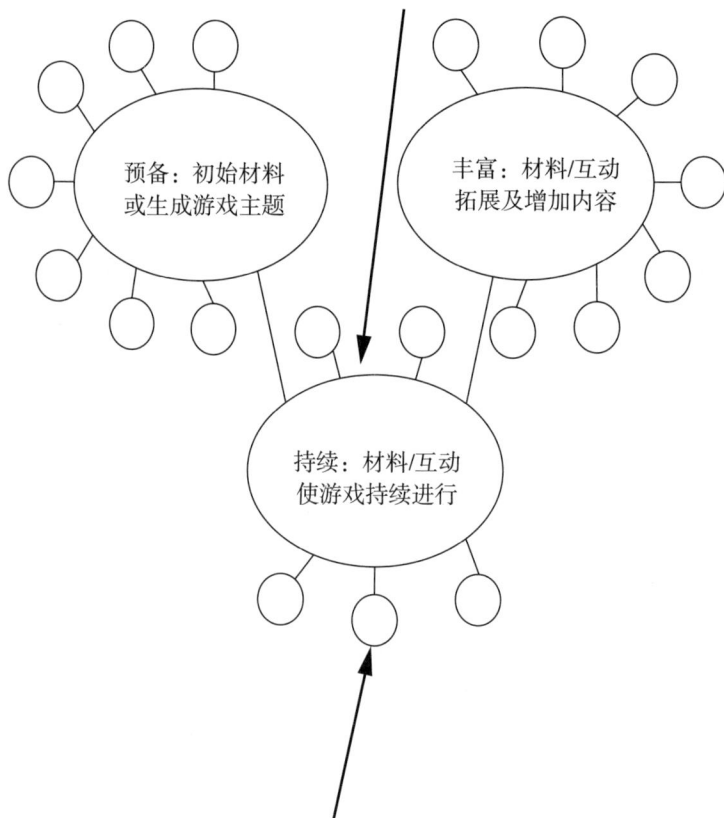

预备：初始材料或生成游戏主题

丰富：材料/互动拓展及增加内容

持续：材料/互动使游戏持续进行

例如，戴安娜（Diane）带来她小时候的照片。

图 8-3　彩色编码网络图

游戏阶段网络图

无论是哪种主题，都可以围绕游戏的四个阶段设计环境与活动。下面呈现的是其中一种形式。在绘制网络图时，可以从中间部分开始，先写下自己选择的主题设想。

感知与探索游戏

环境/材料：

活动：

达到的要求：

建筑与结构游戏

环境/材料：

活动：

达到的要求：

可行的主题或设想

角色与象征游戏

环境/材料：

活动：

达到的要求：

游戏与规则

环境/材料：

活动：

达到的要求：

图 8-4 游戏阶段网络图

272 从一般主题到发展性主题的网络图

运用网络图展现一般主题如何演变为发展性主题。以下案例可供参考。

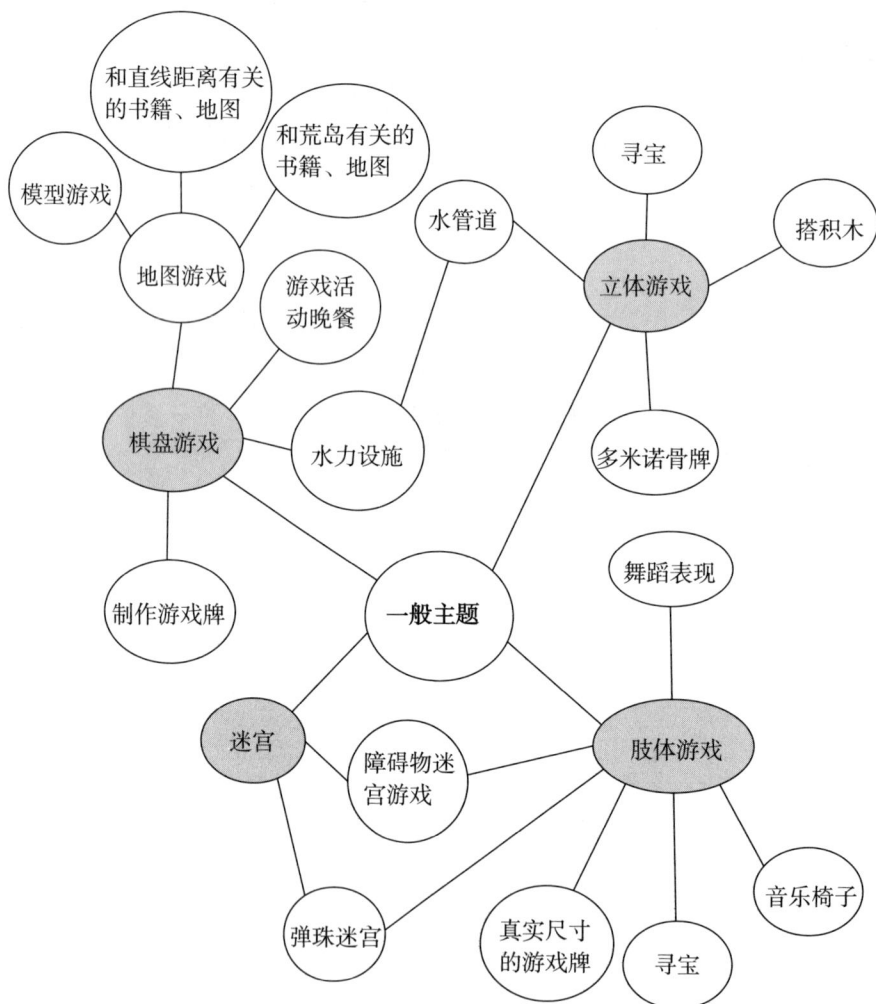

图 8-5　一般主题网络图

新发明

人物、形象

重建图书内容

将游戏作为情节线索

纠纷交涉

设计人物

有关荒岛的书籍、地图

创建规则意识

设计展板

游戏活动晚餐

观点选择

通过游戏展示地图和模型

合作性游戏

匹配骰子和面板

创造性表达

发展性主题

比较距离

（如木板上的路径分开时）

彩色骰子

设计建造木制迷宫

空间联系

按顺序排列卡片游戏

数理与逻辑学习

图案解码

纸上迷宫

方向性

障碍物迷宫游戏

骰子

排列迷宫卡片

（向前、向后，选择方向）

（越过、下面、周围、穿过）

多米诺骨牌

一一对应

比较数字

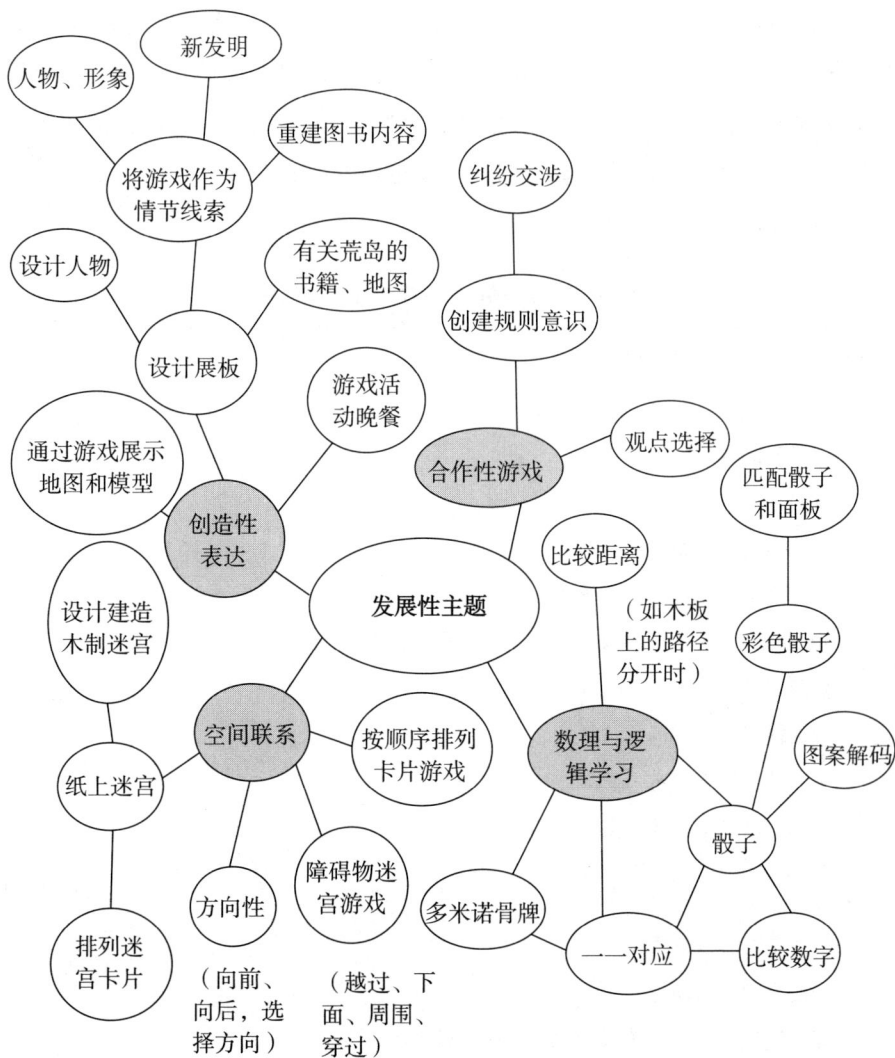

图 8-6　发展性主题网络图

274　课程评价

作为一名专业工作者，教师需要借助某种方法定期评价自己的工作效果。教师尽管也必须完成一些书面文档工作，但确保课程计划达到预期效果也十分重要。如课程是否有效促进了幼儿发展？本书的每一章都详细阐述了以儿童为中心的课程设计方法，明晰了各种预期的教育效果。以下汇总有助于教师评价自己的工作效果。

表8-2　以儿童为中心的课程设计预期效果评价

自我概念和社会情感发展

记录幼儿是否有以下表现。

☐　与重要的成人建立联系

☐　有安全感

☐　认为自己是有能力的

☐　能够理解和表达自己的感受与想法

☐　理解并参与到日常的活动中

☐　发起活动

☐　接受挑战

☐　与同龄人建立友谊

☐　感到自己是集体的一员并帮助他人

学习方式

记录幼儿是否有以下表现。

☐　表现出学习的动力

☐　能够通过语言和动作清楚地表达自己想要什么

☐　表现出毅力

☐　灵活运用问题解决技能

☐　能够容忍挫折或者迟到的褒奖

学习品质

记录幼儿是否有以下表现。

☐ 表现出好奇心

☐ 利用他们的身体——嘴、手、手臂、腿——来探索世界

☐ 借助多种感官进行学习

☐ 细心观察并注意到细节

☐ 通过仔细观察进行比较和分类

☐ 一遍遍尝试

☐ 通过试误进行实践，验证想法

☐ 能够用动作和语言技能与他人分享自己的兴趣、问题和想法

☐ 表现出认同感，能将已有的经验用于建立关系与学习新的内容

复杂游戏的技巧

记录幼儿是否有以下表现。

☐ 在游戏中有同伴，和（或）成人一起参与

☐ 在游戏中运用道具

☐ 根据自己的需要改变空间和材料

☐ 与同龄人协商

☐ 在交流中使用语言

☐ 表现出持续专注的能力

☐ 每天都专注于自己喜欢的游戏

276

案例分享

下面是关于幼儿园教师萨拉·A.费尔斯蒂娜的故事。故事写于1996年，最早收录于本书第1版。在故事中，教师描述了自己开展以儿童为中心课程的历程，并用录音机、照相机和纸笔将过程细心记录下来，而且对整个教学进行了反思。时隔十多年后，萨拉所写的反思更明显地体现了她的思考过程。在这一切工作中，观察记录则是重要的基石。

277

一直在寻找瑞奇·提奇：真实版《逃家小兔》

（讲述人：萨拉·A.费尔斯蒂娜，幼儿教师）

与儿童相处，意味着三分之一的确定性和三分之二的不确定性，还意味着新鲜感。

洛瑞斯·马拉古奇（Loris Malaguzzi）

（瑞吉欧学校创始人）

在一年的教育工作旅程中，我可以选择不同的度过方式。我可以选择"开车"，找到各种"地图"，沿着预设好的课程和教学计划开展工作。这样做对我和我的孩子而言，是一场按部就班的旅程，一切都可预见——我知道我们会学到什么，会有什么经历。但是，我们也会因此被禁锢在一条既定的小道上，即便途中看到了岔道上的美丽风景，也无法前往欣赏。这会使得孩子、教师和家长都无法在既定的行动计划外去发现和探索。

我虽然可以选择"开车"的方式，但却选择了"飞行"，这是因为我希望有更宽阔的视野，能在课程行动和方向上有更多自由。我们在翱翔之时或许会错失地面上的一些细节，但我们却能够欣赏大地的轮廓、山峰的秀色以及田野的图案。

从教育的意义上来说，我所要描绘的是既定的教师指导课程与活动的、实验的、对孩子的兴趣和需要反馈的课程之间的差别。

在对意大利的瑞吉欧学校进行了一周访问后，我更坚定了开展生成课程的信念。通过文章、影像、展板、录音以及瑞吉欧专家的讲座，我了解了这所学校的许多事情。这些经历让我深信，瑞吉欧的课程方法是教导孩子的最佳方式。但是当我拜访瑞吉欧学校时，教育者们让我了解到，只找到一个让自己印象深刻并符合个人风格的课程方法远远不够。相反，自己一定要像瑞吉欧的教师一样，通过反思、与同事合作和对孩子观察，不断完善自己的教育技能和理念。

我知道我也不应该完全照搬瑞吉欧的一切。但是，我仍然想找到他们方法中对我的教学最有意义的片段，然后将其为我所用。

带着这样的想法，我回到了在美国加利福尼亚的教室，决心让孩子将他们的想法融入自己的课程中。我希望每一个项目甚至在一整年都能找到教育契机，让孩子的兴趣成为学习的基础。我带着不确定与疑惑，迈出了生成课程的第一步。走到今天，我满心欢喜。到一学年快结束时，有关一只逃亡的小兔的故事让我完全相信，在幼儿园教学中，最真实、有效和重要的课程源于孩子的需要与兴趣。

我们班饲养的宠物小兔瑞奇·提奇（Rikki Tikki）深受孩子喜爱，他们每天都去户外的兔笼子旁看它。然而，在一个周一的早上，当孩子们回到幼儿园时，我们发现瑞奇·提奇的笼门被打开了，我们珍爱的小兔朋友不见了踪迹。那天早上，第一个跑去跟小兔说"早安"的麦特（Matt）发现了笼子是空空的，随后他告诉了我。我十分震惊和难过。我应该如何告诉孩子们？我应该如何面对这样的情境？在麦特问我"发生了什么事"时，我应该如何回应？

或许因为事情过于奇怪，或许因为我的意大利朋友对我的影响，或许最终因为我对孩子的诚实，我回答："我不知道。"然后，我听到了孩子们的想法，他们在猜想瑞奇·提奇去哪里了，发生了什么。我用录音机、照相机和纸笔，将孩子们的对话和描述记录下来。

孩子们的各种想法不断涌现出来。有些孩子猜测是土狼打开了笼子或者瑞奇·提奇自己逃出去了。有些孩子认为它去找其他的兔子朋友了。另一些孩子认为它去找妈妈了。而许多孩子坚信它还在院子中的某个地方。我看到一些户外物品四处散落，猜测笼子是外来人打开的，但我没有把自己的猜想说出来。

孩子们带着自己的想法和假设，开始行动了。有的人在玩沙区挖洞，还在每个洞下面放了一块红萝卜，试图吸引瑞奇·提奇回来。其他一些孩子用废旧轮胎和攀爬板搭建陷阱。另外一些孩子用放大镜和双筒望远镜试图找到一些蛛丝马迹。还有一些孩子负责组织各种活动。杰奎琳（Jacqueline）爬到滑梯顶端召集大家开会。戴维斯（Davis）站在空空的笼子旁边，喊着："不管怎样都要找到瑞奇·提奇！"一些孩子开始画标识、地图、线索以及小兔的照片。任何能够帮助找到瑞奇·提奇的努力，他们都在尝试。但忙了一天之后，瑞奇·提奇还是不见踪迹。

接下来的几周，许多孩子都用上了我给他们带到户外的纸和笔。他们画了很详细的地图，标出院子的地貌、脚印以及兔子可能逃跑的路线。他们画了许多瑞奇·提奇的画像，拿给家长、朋友和办公室工作人员看，希望能在寻找小兔的过程中得到大家的帮助。年龄稍大一些的孩子制作了"失踪的兔子"和"感谢大家一起寻找瑞奇·提奇"的标志，贴在院子的树上。他们的书写能力在此过程中得到了提高。一些孩子涂画了给小兔子的信，并把信投放在专门给瑞奇·提奇制作的邮箱中。最小的孩子也开始在他们的涂画作品中加上两只有长长耳朵的兔子。还有个小组合作制作了一份传单，告诉人们兔子走失了，还描述了兔子的模样。他们制作了很多传单，涂上了不同的颜色，贴到幼儿园及周边地方。

在这个忙碌的过程中，很少孩子会想到我们根本不可能把兔子找回来。他们经常阅读《逃家小兔》和《彼得兔》（Peter Rabbit）这样的图书。这些图书告诉孩子，兔子主角最后回到了家。在大多数孩子看来，兔子没有找到是因为大家寻找得不够努力，没有尝试正确的方法，只要不放弃，最后就能找到。成人早就认为兔子真的不见了，而孩子们却还在搜寻线索，在院子里寻找，还到别的班去找。我鼓励孩子的想法，力求拓展他们的视野。为了帮助孩子实施搜寻方案，我为他们提供了各种材料，也给予他们必要的监督。过了好几个星期，我开始听到有孩子这样建议："或许我们应该再买一只兔子。"

5月份的一个早上，在兔子瑞奇·提奇已经失踪了一个月后，一位家长看到我们的海报后说，他看到马路对面的另一所学校贴出了告示，他们找到了一只兔子。瑞奇·提奇消失一个月以来，我们一直疑惑它到底还在不在附近，也不敢抱太高的期望。怀着这种心情和想法，一位教师带着两个孩子到马路对面的学校去一探究竟。他们回来说那只兔子看着眼熟。接着，另一组人又去了。这次，他们带着兔子的画像和之前的照片，想验证它的身份。在与对面学校的教师交谈后，我了解到，他们在三个星期前就找到了兔子，并且过几天准备把它送去收容机构。瑞奇·提奇被找到的消息渐渐在孩子中传开了。他们开始忙着用彩带和涂画装饰它的笼子，还制作了海报，准备迎接它的归来。当然，他们表示一定要先修好那个坏掉的笼门。

第二天早上，一小队孩子和教师把兔笼子放在红色的小推车上，然后出发了。他们走到马路对面的另一所学校，接上了瑞奇·提奇后一路把它推回来。小推车还没有走到教室的门口，孩子们却已经聚集在了一起。当小推车进入教室时，所有人都聚集在笼子旁边。大家叫着瑞奇·提奇的名字，用手去摸它棕色的绒毛。

这个真实版"逃家小兔"的故事促使我思考课程应该怎样建构。我问自己："如果明年兔子不逃了呢？如果我一开始就没有兔子呢？我要如何才能重新激发自己的激情和动力？"瑞奇·提奇的经历让我感受到教室中发生的奇妙事情。经过对过去一年的思考，我意识到自己的收获是养成了乐于与孩子合作的意愿。自己通过努力，让课程设计逐步始于孩子的兴趣。在此过程中，我也逐渐梳理出自己的教学指导原则。

诚实。我原本可以打断孩子的自然反应，编织一些答案告诉他们瑞奇·提奇为什么失踪了，借此打断他们的学习过程。我也可以马上用一只新的兔子替换它，或者说它到"兔子天堂"去了。我甚至可以用完全不相关的歌曲或者活动来转移孩子对兔子的兴趣。然而，我没有这么做。我诚实地回答了问题，让他们用自己的问题作为搜寻兔子的引导。

信任。孩子是我的向导。我跟着他们的方向，与孩子保持一致的步伐。我发现，缺乏耐心和专注力的恰恰是成人，而不是孩子。孩子乐于一直关注，一直工作。他们的参与度一天比一天深入。在我已经失去信念时，孩子们却依然相信他们能够找到瑞奇·提奇。

责任。这一年，孩子认识到，我本人是有用的资源——他们发起活动，我热情回应。相比而言，我不仅是一位教师，更多的是他们学习的伙伴和研究者。对我来说，这意味着要严肃认真地对待孩子的每个新想法，并且判断哪种想法更可行。

风险。瑞奇·提奇这个项目完美地展示了"风险越大，回报越大"的真理。当意识到孩子在主导课程时，我感到既焦虑又兴奋。对我来说，飞翔比开车要少很多安全感，可能是因为在飞翔时，我没有地面可靠的稳定感，更需要放弃对速度和方向的控制。作为教师，当放弃了预设的计划和期望，转而让孩子来把握课程方向时，我也感到了同样的风险。在整个事件中，我们无法确保对瑞奇·提奇的寻找最后是否皆大欢喜。但作为教师，我在看到这个完美的结局时，还是觉得十分高兴。从大的方向上看，探究这个随机而来的计划并让它自由飞翔，使我觉得此事十分值得。但是事实上，"小兔子回不回来"其实并不重要。我为孩子做得最对的事情就是重视他们的过程，关注一路上发生的事。

观察。在整个项目中，我都是细心的观察者和聆听者。除了探寻这个神秘的事件，我还为每个孩子寻找在此历程中的成长机会。他们掌握新的技巧，产生新的领导，孩子的团队也随之发生改变并有所扩充。

记录。我照了许多照片，收集了许多艺术作品，并且一直在记录孩子的语言，因为这些文档记载了我们的探寻过程。除此之外，我通过专注的观察和记录，向孩子展示了自己重视他们的工作。这些文件资料将在教室展示板上的公告栏中集中展示，让家长从中感受到孩子也在忙碌工作、游戏和学习，同时让家长们安心。许多家长也加入到搜索和冒险中来，他们把孩子在家制作的图片和地图带到学校。他们汇报在家庭中提出的新看法。对我来说，这说明幼儿园课程已经延伸到班级之外，孩子与我逐渐形成了学习共同体。

合作。与孩子、教师和家长的合作是我工作的核心。合作需要诚实、信任和责任。同时，我们在与其他教师、孩子和家庭成员分享时也会产生风险，这就如同 50 个骑手同时在驾驭一匹马。但是，通过观察、文件记录，以及与儿童的合作，我得到了这一生中最成功的教学和学习经验。

我坚信孩子应该是他们自己课程的主宰者，但是仍然希望它为真正的课程提供更多秩序和可预测性。教师面临的挑战在于找到的课堂工作方法让孩子既要有秩序又要是即兴的，既要遵守规则又要享有自由。因此，我选择的折中方案是既倡导课程生成，又详细记录孩子的工作。通过记录孩子的语言、影像与活动，我不仅促进了他们的学习，还向自己与其他成人展示了课程生成的宝贵价值。

2010 年后记：回顾与展望

回首十多年前的往事，原本对课程不确定性的担心已渐渐消失，自己心中变得更加有数。焦虑之后的成功体验，如同看到雨后的彩虹一样，让人信心倍增。在过去的那些岁月里，我一次又一次地陷入一个未知的圈子里，但每一次都能重获新生。时至今日，我已不在乎自己与孩子探究后得到了什么，我在乎的是探究的品质。我不再以"我们学到了多少"来衡量每一年的工作，而是开始评价对孩子提出的话题的探索是否丰富和深刻。

在十多年前所写的文章中，我尚未认识到教师合作在课程建构中的作用。时至今日，在回首往事时，我对于当时的同事名字依旧没有出现在之前的文章里感到羞愧难当。在小兔瑞奇·提奇从失踪到找回的奇妙过程中，罗伯塔·伊莫尔迪诺（Roberta Immordino）、黛安·格思里（Diane Guthrie）、柯尔斯顿·赖特（Kirsten Wright）和吉提·佩卡（Kitti Pecka）都是我的良师益友。对我来说，我的收获是认识到在项目过程中收集孩子工作印迹的重要性。当教师围绕课程进行讨论和制订互动计划时，这些文件记录犹如奠基石般重要。在我现在工作的幼儿园中，教师每周都有例会，都会分析各种孩子的照片、绘画、涂鸦笔记和影像记录。我们共同探讨，力求从中悟出孩子想要回答的问题，找到激发他们活动的潜在主题。通过对第一手资料的共同分析，教师萌发下一步的计划和新想法。

多年来实践以儿童为中心的课程的另一个益处，是它让我汇集了丰富的文档资料。我将观察到的每个孩子的深入探究活动都记录为一个故事。当然，我这些年的著述也是献给参与项目的孩子的最好的礼物。这些文档也是一种与他们的家庭交流的方法。但是，它还有另一个用处，它证明了深入思考和学习直接源自这种动态性的课程。今后，家长来参观学校时，我会向他们展示这些故事，并解释："我们的幼儿园不用拼写，没有作业本，也不提供直接的数学知识。但是，我们可以从孩子的探究活动中，看到孩子神奇的读写和数学能力。"当监管者向我要整年课程计划时，我回答："我没办法确切地告诉你，在接下来的三个星期中我们具体要做什么，但是我可以保证，我们的教育活动会像这些故事里描述的一样精彩。"

思考与分析

可以给萨拉发邮件（SarahatHilltop@gmail.com），谈一谈她在课程建构中如何在尊重幼儿主题活动内容和信守自己的价值观之间取得平衡。建议结合下述内容谈一谈自己的看法。

- 萨拉刚开始尝试采用生成课程的模式时，对可预见性和活动计划有很强的依赖性，这给她带来了哪些挑战？在过去的十多年中，她发生了哪些改变？
- 萨拉在与同事和幼儿的合作中，找到了怎样的力量？
- 在萨拉的课程方法中，观察记录扮演了什么角色？
- 在萨拉的课程方法中，你读到了哪些关于幼儿深度学习的例子？

实践运用 1

清晰表述课程设计理念和方法的练习

有时，教师需要通过报告、演讲或与他人交谈来解释和说明自己设计的课程。教师可以从观察记录和课程评价中找到一些素材，也可以在与他人交流中获得对以儿童为中心课程的价值的看法。以下活动有助于让你成为课程的代言人和倡导者。

请对下列问题和陈述作出回应，增强你自己的表达能力，同时更好地思考自己的课程如何满足幼儿的兴趣、家长的关注以及早期教育的指导要求。

1. 幼儿每天回家后，如果没带回教师布置的艺术作业内容或者练习册，我就不知道他在幼儿园到底有没有学到东西。

2. 我给幼儿带了一些闪存卡，这些应该有助于幼儿的大脑开发。

3. 如果每天活动的各个环节都有计划，幼儿是否会觉得枯燥无聊？

4. 如果幼儿每天只想搭积木而不学别的东西，怎么办？

5. 你会在课堂上告诉幼儿如何阅读吗？

6. 幼儿是典型的"两岁捣蛋鬼（terrible two）"。如果他做错事，教师可以随时让他到一边暂时隔离。

当家长把幼儿送到幼儿园时，教师可以给他们一些介绍课程方案的文字材料。邀请他们一起商讨。教师还可以建立公共电子邮箱或博客，以便及时与家长交流。用简洁明了的文字描述课程并非易事，因此可进行如下练习提高书写技巧。教师既可以独自起草，也可以和小组共同商讨，最终草拟出一封"致家长的信"，向家长介绍自己的课程方案。无论今后采取什么方式与家长交流，这些前期工作都可作为参照点。

1. 利用头脑风暴的方式写下自己能想到的所有方面。

2. 确定需要优先考虑的内容，将相关联的内容整合在一起。

3. 将每个拟讨论的要点按顺序编号。

4. 为每个要点写一段话。

5. 写下你最终的文字版本。

实践运用 2

课程设计与交流的反思与记录

在以下空白处记录自己与他人交流课程计划的情况。根据下面的问题进行记录。

1. 在与他人交流课程计划的方法时，你觉得在哪些方面最有信心？

_____

_____

_____

_____

2. 你觉得自己在哪些方面的技能有待提高？

_____

_____

_____

_____

_____

第九章

反思性课程设计中的教师发展

289

> 以儿童为中心的课程是一种生活方式，更是一系列影响教学行为的信念和价值观。

自我反思

回想一下自己人生中某次有重大意义的转变，是否还记得那次转变的细节？是否还记得那时的感受以及有关的人和事？

1. 是什么让你一如既往地追求设定的目标？

_____

_____

2. 你当时是否曾寻求帮助？

_____

_____

290

3. 你是如何面对和克服曾经的压力和挫折的？

_____

_____

4. 是什么让你在学习过程中坚持不懈，不断成长？

_____

_____

专业发展的历程

以儿童为中心的课程并不只是一种教学方法或技巧，其本质上是一种生活风格，是一系列影响教学行为的信念和价值观。它需要一系列的复杂技巧与知识，最重要的是个体的态度和倾向。

教师自己在学生时代也可能经历过教师主导、规则强化的教学方式。这种教育经历可能与自己想要提供给幼儿的经历完全相反。运用以儿童为中心的方法要求教师用新的视角去认识自己的教育工作。

无论是在家庭托儿中心工作还是在幼儿园工作，教师都必须重新定义自己的角色。教师既要学会相信自己，又要学会相信身边的幼儿，这样才能不断成长和学习。教师要敢于破旧立新，这样才能构建对自己和幼儿都有意义的学习环境。

保教者的新角色

大多数人在进入幼儿教育领域时已经对他们在幼儿学习中扮演的角色有一定的认识。他们希望去"传道、授业、解惑"，希望帮助幼儿为未来的学校和工作做好准备。为此，他们习惯于运用熟悉的唯一模式——学校。在试图使教育性的活动得到更适宜发展的同时，教师在无意间减少了幼儿的游戏活动。

在当今的美国社会，幼儿的童年生活备受"摧残和侵害"，许多幼儿在教育机构并没有获得任何成就感。教育机构在改革中使用计划好的入学准备课程和高难度测试，使已有问题变得更加严重。在这个信息技术的时代，其实幼儿需要的学习内容远远超过传统教育所提供的。在幼儿教育中，幼儿应得到更深层次的教育，而不仅是了解色彩、学会手工制作。幼儿在知识学习方面，需要的不只是背诵或在考卷上打"√"。

幼儿真正需要学习和掌握的是以下内容。

- 与信任的成人建立真正的联系。
- 用充足的时间探索，满足好奇心，掌握解决问题的能力。
- 真正的有意义"工作"，而不是无意义的琐事或项目活动。
- 真正的思维参与，而不是死记硬背的学习。
- 真正理解内容与知识的趣味性和实用性。
- 真正有助于身体发展，而不是压制身体发展。
- 正确的指导和引领，而不是羞辱、惩罚或孤立。
- 学习真正的偶像，而不是超级英雄或巨星名流。
- 理解真正能反映生活的内容，而不是广告或卡通形象的再现。

真正提供以儿童为中心课程的教师与啦啦队队长、监工、纪检人员、计时员扮演的角色完全不同。教师依据本书内容进行课程设计，必须对不同成人的角色和行为有不同的认知。

不妨换个角度认识自己。伊丽莎白·琼斯和格雷琴雷·诺兹（Gretchen Reynolds）是大学讲师，他们撰写了很多有关游戏在幼儿教育中的价值的著述。这些著述激励我们用新的视角认识教师的角色。教师的工作与考古学家、广播员、律师、即兴表演艺术家、科学家的工作有什么相似的地方？教师越是能清晰描述自己从事的工作，就越能有效感受到工作带给自己的尊严和回报。思考下面提到的"教师是……"的内容。

教师是建筑师

想一想建筑师在进行建筑设计时会怎样思考。用同样的眼光审视幼儿园的环境创设。

- 从幼儿的视角评价空间布置。
- 让空间设计适应幼儿的游戏需要和兴趣。
- 创造机会，让幼儿探索光、影、声音、颜色和各种材料。
- 整合户外自然环境要素，将其融入室内环境中。
- 重新进行区角的环境创设，激发幼儿新的兴趣。
- 仔细安排室内与户外空间。

教师是观察员

无论从事哪项工作，甚至于科学家、艺术家、工程师、诊疗师，具备敏锐的观察技巧都至关重要。想一想，如果将鸟类学家或园艺工作者的观察技巧运用到自己从事的幼教工作中，应该怎么做？

- 成为幼儿发展的调查员。
- 欣赏幼儿复杂游戏的细节。
- 记录幼儿的喜恶、成就和遇到的挫折。
- 在对幼儿行为干预或反应前先观察。
- 从幼儿的兴趣和想法出发设计课程。
- 寻找整合学业内容与日常生活经验的方法。

教师是道具管理员

不管是戏剧、电影、体育盛事，还是各种美食节，你都会在台前幕后发

293

294

现有专门的人员负责管理道具、服装、供给和仪器，以保证其他人的工作进行得更顺畅。在教育活动中，教师也可当道具管理员，帮助幼儿成功掌握游戏技巧，激励幼儿在努力中获得成功。

- 通过活动材料摆放，鼓励幼儿参与各种游戏活动。
- 为幼儿提供道具，引发他们参与游戏脚本设计活动。
- 选择不同的活动材料，让幼儿随意使用和改变材料。
- 收拾道具，帮助幼儿建立游戏活动的秩序。
- 在不干扰游戏进程的情况下，为幼儿提供额外的材料。

教师是调解员

人们在一起工作、游戏或居住时，由于兴趣或视角不同，难免会有磕碰，这时就需要第三方出面调解。幼儿教师充当调解员的角色，为幼儿学习协商不同想法或满足不同需要，提供榜样和示范。

- 创造安全的氛围，让幼儿表达自己的感受和想法。
- 将冲突情境转变为学习社交技巧的机会。
- 为幼儿解决问题提供帮助和语言示范。
- 重点放在游戏内容上，而不再关注其是否违反了游戏规则。
- 解释幼儿语言并协助幼儿进行交流。

教师是教练

教师作为建筑师或道具管理员时，其发挥的角色作用是在幕后。即便如此，幼儿也能从中受益，教师也会关注幼儿的个体需要，也会关注幼儿学习特定技能的程度和顺序。但更有效的指导则不仅能激励幼儿，更能传递出相信幼儿的信念。

- 看到幼儿的长处，提供机会让幼儿发展这些长处。
- 鼓励幼儿承担风险。
- 培养幼儿养成良好技能，使其能自己选择工作任务。
- 将挑战性任务与幼儿兴趣相匹配。

◁ 提供需要集体完成的材料和活动，促进团队精神的培养。

教师是记录员

许多幼儿还不具备写作的能力，因此依赖于教师记录其言行。

◁ 为幼儿树立榜样，让幼儿知道说出来的话可以被写下来并读出来。

◁ 拍摄照片，用书写和图片的形式呈现幼儿的游戏过程和语言。

◁ 将幼儿的游戏活动记录下来并存档，供日后制作图书时参考。

◁ 口述并解释幼儿的语言。

◁ 鼓励幼儿尝试讲故事或记录下他们的游戏创意。

◁ 引导幼儿运用科技手段记录和回顾过去的经历。

教师是科学家

科学家有一个好奇的头脑，时刻都在问"为什么"和"如果这样……"。教师若能以科学家的视角观察，便会发现对自己和幼儿存在的各种可能性。

◁ 探索并提问。

◁ 研究观察到的证据。

◁ 换个角度思考问题，注意被忽略的迹象。

◁ 收集数据，寻找规律。

◁ 提出假设，尝试预测，分析结果。

◁ 交流各自的发现。

教师是广播员

教师的一种角色是记者，另一种角色是广播员。我们都知道，如果听到的只是坏消息，那么会让人很沮丧。所以，让我们做一名专注于传播好消息的广播员，看一看幼儿如何向我们展示他们的探索能力、成就感、创造性以及社会交往能力。

297

    ⤺ 向别人讲述自己观察到的幼儿游戏故事。

    ⤺ 收集并展示反映幼儿活动和创造性的事例。

    ⤺ 从幼儿的角度，表达他们对某一重要事件的观点。

    ⤺ 与他人分享幼儿的好想法。

    ⤺ 与家庭成员交流，探讨幼儿在游戏中含有的学习机会。

    ⤺ 建立博客等网络交流平台。

298

表 9-1　自我评价表

以下哪些行为在你的日常保教工作中会涉及？请进行自我评价。

☐　我关注并与每名幼儿和家庭建立密切联系。

☐　我在制订计划或对幼儿、家庭和同事作出回应时，会留意自己的价值观、背景和兴趣点对他人的影响。

☐　我会反思什么是幼儿游戏的意义，并提供额外的玩具让幼儿接着玩。

☐　我会调解矛盾，并能促进幼儿继续自发游戏。

☐　在幼儿进行创造性游戏时，我允许有暂时的杂乱。

☐　我能在幕后维持秩序，使游戏活动顺利进行。

☐　我会避免由于转移幼儿注意力而带来的各种干扰。

☐　在小组活动时，我会根据幼儿的游戏主题讲故事。

☐　我将幼儿的兴趣整合到课程计划和团队建设中。

☐　我积极记录幼儿的游戏过程，并与同事和家长进行讨论与分享。

☐　我与幼儿的互动十分积极，并与他们分享自己的兴趣。

☐　我经常与同事合作，发现新的视角。

☐　我一直研究幼儿如何通过游戏获取不同学科领域的知识。

☐　我通过口头和书面文字形式，表达自己作为幼儿教育者和幼儿权益倡导者的心声。

☐　我不断探寻专业化发展的途径和方法。

> 再看看上面的回答，树立自己在新知识和技能学习方面的目标。
>
> - 阅读相关网站，寻求参加研讨班、培训班和专业会议的机会。
> - 参观其他的幼儿教育机构。
> - 学习考察。
> - 寻找导师——一位可作为自己的榜样、教练或提供咨询的人。如果你已经达到上述大部分条目的要求，可以考虑当别人的导师。

自身教育素养的形成

在以儿童为中心的课程实施中，骨干教师往往需具备一些特殊的品质，从而使自己有别于一般的教师。一般的教师只会依靠参考书，每年周而复始重复相同的主题计划，或每日都绞尽脑汁想让幼儿参与有意义的活动的方法。然而，骨干教师的知识和技能也并不一定与其他教师不同，而只是达到了专业化的程度，即他们能像即兴创作的艺术家一样，养成了特定的态度和思考习惯，能够对教育活动动态和幼儿的各种不同需要作出迅速反应。

丽莲·凯兹将能以某种方式对特定情境进行思考和作出反应的习惯与倾向称为"素养"。《韦氏大学词典》（*Merriam-Webster's Collegiate Dictionary*）定义"素养"为"一个主导性的倾向、心境或意愿；一个气质的组成部分；一种在特定环境下某些特别行为的倾向……"好奇心、友善、独断、被动、愤世嫉俗和创造力都是素养的一部分，而非技能或知识。

请你根据"教师教育素养检测表"，了解自己对教育素养的各种内在看法。想一想自己或同事平日里的表情、口语和肢体动作，在头脑里勾画出清晰画面：自己或同事总出现在教室的什么地方？然后在评价条目上标出自己或同事在横线上所处的位置。

表 9-2　教师教育素养检测表

指导语：标出自己或同事在下面这个连续体中的位置，然后根据自己的选择回答后面的问题。

深信幼儿内心充满好奇或也很乐于知道他们是谁，他们在做什么。	看上去喜欢幼儿，但说不出为什么。	在活动中直接干预是为了纠正幼儿的错误行为或指导他们。	不断分析幼儿的经历和自己的行为，以求进一步理解幼儿。	随大流，不会多思考。	看不到自己在活动中的角色或影响力，总认为事情出错是因为他人。
重视游戏并为之建构环境，深入观察幼儿活动。	允许幼儿在教室中玩游戏，教师这样才可以完成琐事。	认为自由游戏是幼儿释放在教师主导活动中积累的压抑情感。	对偏见和现状的限制很警惕，能主动处理。	当偏见被指出或被要求改变时，可能会表示同意，但是不愿得罪别人。	没有认识到偏见的存在，被现状束缚。
期待幼儿改变并挑战计划，但还会弹性地遵照他们的兴趣和问题。	允许幼儿稍微偏离计划中的活动，但仍然会让他们调整回来。	热衷于教师计划活动，儿童去执行。	积极寻找合作的机会，相信团队活动比个人工作更有效率。	非常乐意接受别人的邀请并加入其团队，但从不主动寻找合作机会。	有自己独特的做事方法，喜欢独自工作。
愿意尝试新事物，为了幼儿和教师学习承担风险。	很少主动进行更多的努力并开展更多的活动。	有自己做事的风格，会抗拒新的方法和思想。			

你想看到什么样的改变？

教育素养的要素

301

本书涉及的以儿童为中心的课程的不同方面，都是基于观察和计划。如前所述，幼儿教师提供有意义的经验，为幼儿学习提供支持。以下所列的教育素养有助于促进教师在以儿童为中心的课程生成过程中的专业发展。教师不断陶冶自己的这些素养，之后会发现，无论是建构以儿童为中心的幼儿园还是课程，一切都会变得自然。

对儿童的学习和发展充满好奇

许多幼儿教育工作者都热爱幼儿并关注幼儿的学习成长过程，这种热爱也是从事幼儿教育工作的动力。然而踏入这个领域后，很多教师失去了这样的愉快感。这是一种普遍的现象。组织教育活动、管理幼儿行为和完成各种文档所带来的压力，使原有的工作热情逐渐消失殆尽。教师很快变得更注重课程计划的目标或要求，相对忽视幼儿的学习过程。当幼儿出现不良行为时，教师一般情况下都会直接出手控制，而不是探寻行为背后的原因。其实，教师真正用心观察幼儿，会很容易从内心萌发出愉快感和好奇心。好奇心可以使自己的工作更有成就感，也有助于促进教师的专业化发展。

重视儿童的游戏

游戏活动本身和游戏活动之外都具有很多价值，但是教师很容易对这些价值视而不见。自主参与游戏的幼儿常常不被教师关注，教师将时间用于处理工作中的其他事务，如完成工作记录、收拾环境、收集资源，或者与同事、家长或自己的导师交流。

302

重视游戏活动的教师往往会意识到，最好的课程源于幼儿的探究和表现，而不是购买现成的书籍或以往的课程计划。当可以分辨出不同种类的游戏时，教师便加深了对幼儿发展的理解，并且能更好地为每名幼儿的全面发展制订方案。

接受不断的变化和挑战

不断变化和挑战是幼儿的特征，也是幼儿教育工作者日常需要面对的主要内容。因此，教师需要对随时出现的状况作出判断和决定。教师们如若对随时出现的变化和挑战有所准备并将此作为工作的重心，那么，他们的应对会更加有效，也能学会如何分辨自己的兴奋点并做到顺其自然，水到渠成。

乐意面对冒险和错误

教师如果有接受变化和挑战的心态，就自然而然愿意接受冒险和错误。只有具备这样的素养，教师才可能成长。幼儿看到这样的行为，也会从中受益，也会因此而乐意冒险，并且不会因为犯错误而伤害到自尊和自信。

定期自我反思和检查

通过对经验的反思和对事件、发展状态和结论的分析，我们可以做到"温故知新"。教师也可以通过比较官方说辞、理论与自己的直觉、经验，从而受益。反思可以确信自己已有的理解，也可以更新自己的认识。任何不同的反思都有助于深化自己对终身学习的认识，对自我了解的分析。

不愿进行自我反思和评价的教师，往往将在教育活动中遇到的问题和困难归咎于他人，如幼儿不太成熟、不懂礼貌或桀骜不驯。即便事实如此，那也只是"故事"的一半。我们可以静下心来，想想自己的行为、期待和儿时经历对于建构目前的教育环境有何影响。因此，"吾日三省吾身"很有必要。

寻求合作、指导和支持

尽管从事幼儿教育工作会使自己很愉悦，但也可能会"恍若与世隔绝"。时常与同事和导师交流，有助于保持自我反思过程，并了解不同方法的不同价值。交流内容包括对想法的反馈意见、教学策略分享、获得支持。与同事携手共进，既可以提高自己，也可以改进自己的工作状态、报酬，并提高保教质量。

做专业的守望者和发言人

无论是幼儿园还是家庭照料中心的教师，他们都承担着巨大的压力，因为他们要尽量满足别人的要求。这些要求不只来自幼儿，也来自家长、同事和上级。更让教师们感到"压力山大"的是入学准备的标准和评价考核。如果没有学习理论、文化自觉意识和幼儿发展理论作为坚实基础，教师就很容易滑入"知识下放"的泥潭，接受带有偏见的所谓"学业课程"。

教师要鼓起勇气，为自己和幼儿的需要表达心声。当你对导向错误的决策、政策和规则发出质疑之声时，你一定会为自己而感到自豪。

了解教育素养的特点

细读以下场景，找到主人公表现出来的教育素养。

水桶的故事

内奥米（Naomi）是一家家庭照料中心的教师，她与助手桑德雷亚（Sandria）在自家后院中照看幼儿。3个4岁的幼儿在攀爬架附近玩。他们用绳子系着装满沙子的铁桶，然后想把铁桶拉到攀爬架上。

桑德雷亚告诉内奥米："我告诉这些孩子不要这样玩铁桶。我觉得那样太危险了。"

"我也担心这样不是很安全。"内奥米答道，"但是，我们还是再看他们一会儿吧，然后再决定要不要阻止他们。"

"我们看他们怎样把绳子系在铁桶上，然后再把绳子绕到攀爬架上。"桑德雷亚说道，"他们发明了一套复杂的系统，就像滑轮一样。"

"你看，要把铁桶提到攀爬架的顶部，又不撒出一点沙子，这多需要合作啊！要是我们去制止这样的活动，真是太可惜了。"内奥米一边观察一边说，"我们应该想想，怎样能让这项活动变得更安全呢？"

桑德雷亚答道："或许我们可以把铁桶换成塑料桶，这样就算它掉下来砸到人，也不会很危险。"

分析

上述情境中的两位教师并没有不假思索地制止幼儿的游戏活动。相反，他们首先是用心观察、思考并分析活动的价值。内奥米和桑德雷亚十分谨慎地考虑到幼儿在游戏中的安全问题。但对于幼儿安全的关注，他们也并非被动关注，而是以充分认识幼儿探索和合作游戏的价值、对游戏风险进行充分评估为基础的。两位教师相互交流合作，共同找到了问题的解决方法。允许游戏活动有可控风险，这样才能保证幼儿学习的持续进行。

持续的自我评价与专业成长

实施以儿童为中心的课程前，教师必须反思自己的态度和经历，逐渐消除和课程有关的无意义活动和陈规陋习。幼儿喜爱的是充满热情、好奇、喜悦和用心的教师。以下方法有助于培养教师养成良好的品质。

向儿童学习

我们如细心观察幼儿，就会发现幼儿往往会以全新、开放的心态去认识世界。在探索过程中，幼儿总是充满好奇与兴奋。对于他们来说，好多事情都是第一次经历。成人已经对气馁、麻木、自卑、不自信等各种负面行为习以为常，而这些在幼儿身上却尚未体现。

306

反思类似下面的幼儿活动，找回教师失去已久的品质。

阳光透过窗户洒进房间。10个月大的山姆一心想抓住他自己的影子。为此，他把脸低下，试图用舌头和嘴唇触碰影子。

正在学走路的安伯（Amber）把整个身体趴在装满通心粉的感官桌上。她来回搅动通心粉。听到通心粉发出的声音，她开怀地笑了。

2岁的迪安戈跑到长满青草的小丘上，然后滑下来。站起来后，他又跑上去再滑一遍。他乐此不疲地玩着，每次都大笑着滚下来。

3岁的杰斯米（Jasmine）正在画架边小心地用彩笔在前臂上涂抹，然后又把颜料涂抹在自己的手掌和每根手指上，前后左右都涂抹了，连指甲也不例外。

8岁的凯西和13岁的兰迪（Randy）用水在房子后面的泥地上冲出一个

很大的泥坑。然后，他们一起开心地跳进去，用一些软绵绵的东西包裹着整个身体。他们在泥巴里扭动了一阵，然后跳出泥坑，用水互相冲洗对方。在此过程中，他们一直高声尖叫着。等冲洗干净，他们又跳回了泥巴里。

培养美感

幼儿通过各种感官来感受和探索周围的世界。在此过程中，他们也获得了各种感官体验。教师要唤醒自己的感官，加深对幼儿行为的理解，提升自己的愉悦感和生活质量，那么就从描述自己喜欢的感官享受开始吧。

在《艺术与儿童的创造性发展》（*Art and Creative Development for Young Children*，2008）一书中，罗伯特·舒马赫（Robert Schirrmacher）和吉尔·英格尔伯莱特·福克斯（Jill Englebright Fox）将"审美"定义为一个抽象概念，其在希腊语中的含义是"觉察"。该书作者认为，审美为认知和感受世界提供了专注和隐喻的方式，这种方式包括对事物和经验的态度、过程以及回应。

对美的鉴赏是人的基本反应，这一反应包括主动运用各种感官品味事物或经历。这也使得我们能忘乎所以地进行自我陶醉。审美包括了对在自然、艺术、运动、音乐和生命中自然美的发现和欣赏。

美感的培养，不仅有助于教师更好地感受幼儿认识世界的方式，而且还能丰富自己的生活。对审美的追求，可能会改变一个人认识世界的脚步，也可能会改变个体的关注点。只要迈出了追求审美的脚步，一个人的生命中就会充满新意。

- 无论何时，你都会陶醉于迷人的阳光中。
- 你会想触摸衣物中交织的斑斓色彩。
- 你会听到鸟的欢唱，让自己喜笑颜开。
- 甜美飘香的瓜果落到你的指尖，滑过你的嘴唇和舌头并留下无尽的回味。

舒马赫和福克斯关于加强自己审美的态度、过程和回应的讨论很有价值，有助于自我审美能力的提升。审美能力的培养不仅要用脑，还要启动各种感官。

审美的 *态度* 要求我们暂时停下匆匆前行的脚步，细心品位当下，用开放和童真的心态去感受和体会。审美的 *过程* 则包含对此时此刻的高度关注，涉及以下方面。

- ◁ 凡事都当作第一次去体验。
- ◁ 用心聆听，凝神静气地感受。
- ◁ 用心去看，静心去想。
- ◁ 操作、感受和触摸。
- ◁ 不急不躁，细细品味。

308

对审美经历进行回味能提升自己的理解力，并且改善生活质量。留意自己的情绪反应：可能是好奇、欣赏、愉悦、惊奇、敬畏，也可能是狂喜。注意自己的生理反应：可能是欢笑、冒汗、颤抖、瘫坐，也可能是警觉。注意自己的精神反应：你是否在某次经历后萌生了新的想法？

通过水彩活动来发展审美能力

找一盒水彩，按以下步骤发展自己的审美态度、过程和回应。

- ◁ 用眼睛去探索和留意不同的颜色，包括单色和混合色彩。
- ◁ 探索不同分量的水对色彩的影响，特别注意水是如何把色彩铺到纸上的。
- ◁ 尝试使用彩笔的不同方法，想一想自己能用多少种不同的方式作画？
- ◁ 用不同的技法将色彩呈现在纸上：散点、圆点、水滴、线条和形状。
- ◁ 花时间专心体会各种探究带来的变化。
- ◁ 注意自己在工作时的情绪：你有什么感受？
- ◁ 注意自己的生理反应：你的身体在做什么？告诉你什么？
- ◁ 注意自己的心理反应：你有没有什么新的经验？你如何评价这个经验？

309

 **案例分享**

教师以斯拉·斯通克-格拉汉姆自从踏入工作岗位的第一天，就不断遇到各种挑战，但他的反思能力和对自己的理解信任，使他能坚持不懈地继续工作下去。请你思考他如何运用对幼儿细微观察的反思来激励自己不断创新？他找到了哪些让他不言放弃并成为专业工作者的秘诀？

310

获得支持的教师创造了奇迹

（讲述人：以斯拉·斯通克-格拉汉姆，开端教育教师）

工作第一天，我经历了唾弃、辱骂和踢打。但是，我第二天还是回来工作了。我想给孩子的生活带来强有力的积极影响，想要给失去父亲的孩子树立一个正面的男性形象，想要在与孩子的游戏过程中享受快乐。我坚信我的工作有意义。然而，在不同的教育中心工作和学习十年后，我才找到了自己的专业与教育方向。

我现在意识到，过去我们把孩子每一天的日程都安排得太满。如果我们谈论的是下雪，孩子们就要给雪人搭一个房子，阅览室也都是有关下雪的图画书，感官区堆放着象征雪的剃须膏和车模。教师创设这样的环境，是因为他们或许认为孩子会喜欢，或许已经习以为常。我把这些看在眼里，但却不知如何表达自己的看法。教师创设这样的教育环境，并非出于孩子的兴趣。终于，一个星期六发生的事情使我恍然大悟。那个星期六，教师来到教室，说要将室内的攀爬架改装为消防车。我百般疑虑："为什么不让孩子和我们一起制作消防车呢？"

我曾在一所社区学院附属幼儿园工作 4 年，开始了解生成课程。教授《儿童发展》（*child development*）这门课的教师分享了一篇文章，这篇文章分析了在教室里如何用简洁的方法呈现孩子每日接触的材料，孩子如何在与教师的交流中创建自己的环境。我猛然醒悟：这是我们缺乏的。我们没有和孩子建立真实的关系，孩子没有成为教室活动的主人。

当我成为主班教师时，我非常兴奋地想将上述想法付诸实践，但却没能实现。那时，我还缺乏勇气，也没有经验，更不能自信又清晰地将自己的想法和同事分享。对于改变根深蒂固的固有教学文化，管理者也是"睁一只眼，闭一只眼"，我感到十分孤独。在这种忙碌而高压的气氛下，我非常抑郁和急躁，深感迷茫和失落。带着这种感受，我辞去了工作，但对接下来要做什么却感到彷徨不定，甚至不知道我是否还能做教师。但是，我需要尽快找到下一份工作，所以在两个星期后，我还是回到了幼儿园工作。

工作期间，我参加了汤姆·杜伦孟德（Tom Drummond）开办的幼儿教育高级研修班。在他的指引下，我眼界大开。他向我介绍了项目教学，而他的过人之处是让全体学员都不知不觉地沉浸于项目教学中，而没有直接告诉我们。他邀请我们一起到校园的湿地散步，让我们带上笔记本和笔，把自己的想法和观察写下来。当我们走回教室聚在一起分享各自的观察记录时，整个教室氛围变得非常活跃。不说别的，仅是让我们自己学习，探究自己喜欢的事物，杜伦孟德教授就让学生非常渴望继续探索这个项目活动。当然，我

311

明白这不只是一个研究环境的课程，更重要的意义在于让我们感受到什么才是需要提供给孩子学习的 。我们如果给孩子机会，让他们去探索自己感兴趣的事物，让他们用自己的想法建构课程，那么他们的学习会更加丰富和有意义。

回到自己的工作岗位后，我更加细心地观察孩子，既向孩子们提问，也细心聆听他们的想法。渐渐地，一个关于"宠物"的项目应运而生。孩子把他们的宠物画下来，还写了相关的故事和诗，并且制作了一本宠物书。他们还在沙盒里做宠物食品，为宠物制作成长图表。我们去郊游，带来一只救援犬让孩子们观察。我满怀激情地把所发生的一切一一记录下来，最后整理成一个展示板，挂在幼儿园大厅的墙上。然后，我满心欢喜地邀请园长参观，告诉她自己与孩子一起沉浸其中时是多么快乐！可是，她却冷冷地回答："真不错！现在你是不是该想想做些别的事情啦?!"若是以前，她这么说会让我感到很受挫。但今非昔比，我不再有这种感受。我重新找到了对工作的热情，明确了自己的工作方向。我只是需要一个教学的地方，孩子在这个地方的探索会得到应有的鼓励。

1999年9月，我找到了一份心仪的工作。这份工作让我有幸真正踏上专业发展之路。"开端计划"让我如同找到了自己的家。一走进这样的幼儿园，我就感到它与众不同。在这样的幼儿园，教师、家庭支持工作者还是管理者，都非常热心和专业，并且都立志要将这所幼儿园打造成为社区的"灯塔"。幼儿园的愿景是要成为一所具有创新精神的开端计划示范幼儿园，因此也很鼓励我们大胆创新。园长、家庭指导协调员不仅有愿景，而且还采取实际行动。幼儿园为我们提供有关瑞吉欧的培训，邀请富有思想的幼儿教育研究人员为我们作专题讲座。在培训过程中，我们对课程进行了深入研讨。位于芝加哥的康蒙思儿童发展中心是一所根据瑞吉欧理念创办的幼儿园，我们参观了这所幼儿园。那次参观，对我和我的教学来说有很大的启发作用。该幼儿园教室焕发的美丽和孩子用心完成的作品让我们赞叹不已。教师对孩子缜密观察、提出假设、尝试源于游戏的想法后反复观察的这种周而复始的循环也留下了深刻印象。我们也观察了孩子在教室里的表现，了解了教师如何通过对孩子的观察记录进行分析并最终了解孩子特点的方式。

这正是我们许多教师渴望的。我们希望将自己的教室改造得美轮美奂，既能激发孩子，又能让孩子在其中感受到尊重。我们希望有明确的目标，打造一个以积极回应孩子兴趣和需要为主的课程。我们想探究孩子的头脑和思想。但是基于现有的教育体制，我们不知道怎样才能作出如此巨大的转变。首先，我们需要知道在对环境和教学方式作出重大改变的同时，如何依旧能达到开端计划的要求。我们有许多困惑：如何不间断地记录孩子的家庭情况？如何记录孩子的健康和营养信息？如何组织每个月的教师例会？如何组织每月的家庭活动？如何将课程融合到既定的方案中？其次，我们还要考虑在只有一位主班和一位配班教师的情况下，如何做好上述各项工作。

我和同事兼朋友柏弗（Bev）探讨如何能保持这种持久的变化。最终，我们发现唯一的方法就是彼此共同合作。所以，我们一起去园长办公室，向无所畏惧而又神采奕奕的园长提出了我们的构想：现在是两名教师照看18个孩子，我们建议采用4名教师照看36个孩子。我们还建议将两个教室之间的门打开，让孩子能在两间教室里来回走动。这样，我们就可以创建一个美丽的空间，里面有一个很大的积木区、好几个画架、一个很大的艺术区、一个材料丰富的写作中心，此外还有一些柔软的地方可以让孩子们放松、看书或者跟其他孩子交谈。我们设想利用有4位教师的优势，根据孩子的不同兴趣将他们分为室内和室外不同的两个小组。每个小组由一名教师带班，另一名教师侧重负责对孩子行为进行观察与记录。尽管我们有36个孩子，教学还是非常活跃和热闹，但却不嘈杂。让项目构想成功的关键在于教师每周要有4天时间在课后聚会半个小时。在这半个小时里，我们分享对孩子行为的观察结果，包括孩子体验到的成功和付出的努力，还会分享我们是否有新的教育路径，然后再安排每名教师次日的工作。

园长对我们的想法没有怀疑或嘲讽，也没有排斥我们，更没有怀疑我们按此计划能否达到开端计划的质量要求。他认真倾听我们的构想，鼓励我们大胆尝试。他用信任和信念鼓舞我们。他对我们流露出的这种信任，让我们可以将这种精神渗入教室里的各项活动中。

313

我们满怀喜悦地坚定了实现教育愿望的信念。为此，我们几位教师一同讨论、计划和畅想。因为得到管理层的支持，所以我们计划破旧立新，将旧的课程计划置之一边，构建一个目标更为明确的课程体系。对于新的课程计划，我们结合以下几个问题反思：孩子们会对什么感兴趣？他们会遇到什么困难？能获得哪些方面的成功？志愿者工作对活动能提供什么支持？从中我们能得到什么启发？

我们共同制订了一个活动日程表，孩子们每天的生活都有确定的起始安排。孩子们起初分在两个教室，每天各自在教室里吃早餐。餐后是早会。我们在早会上一起制订每天的活动计划。早会结束后，两个课室中间的房门打开，合成一间有 36 个孩子的大教室。孩子在接下来的一个半小时里，可以随意在两个房间中穿梭。他们涂鸦、讲故事、画画、搭积木、跳舞、唱歌、玩乐器、小组分享、阅读、点数、表演、攀爬、调查、探索、协商，建立坚固且相互信任的友谊。

314

和一般教室的活动情形一样，我们也有过波澜起伏。在实施构想期间，我们也有过彷徨和混乱。所幸的是，管理者并没有给我们压力，并没有要求走回老路。相反，他们给予我们的是信任和鼓励。在我们的开放教室里，大多数时候都有一阵阵的愉悦欢声，那是孩子们沉浸在游戏活动中的喜悦表露。每天的活动都充满节律，如同跳舞一般快乐。每天都是新鲜的。每天，孩子都知道自己可以与教师一起建构新的知识和学习。

回想那个学年，我的内心总是感到心满意足、精力充沛。我们那时拥有的自由，是能够随心改变我们的环境、调整我们的做法、提升自己，这是我职业生涯中最宝贵的时光。那一年里最难忘的回忆是在学年开始。2001 年 9 月 11 日，在我们的实验开始前的 6 天，整个世界都变了。纽约的世贸大厦轰然倒下，飞机冲入了五角大楼和宾夕法尼亚州的田地。我们十分恐惧、绝望、震惊，但仍期望开学的第一天。孩子们肯定还是会来的。

怎样了解孩子在这些不平常日子里的所思所想，我们新的课程实施方法展现了巨大优势，也使我们倍感欣慰。通过对孩子的观察和聆听，我们看到事件的影响在教室中渐渐显露。在积木区，孩子们一次又一次地搭建起等高的双子塔，然后又用手或另一块积木一遍又一遍地把双子塔推倒。在画架上，孩子们画的摩天大厦冒出了橘红色的大火。孩子们用细头彩笔把人们从高楼上跳下的细节表现得淋漓尽致。孩子们写下与家人一起看新闻的故事，也写下在黑暗中与坏人搏斗的故事。

看到孩子在活动中出现悲伤的游戏和情感表达，我们计划为孩子提供一些机会，让孩子写下或画出他们的感受，将自己的感受说出来。在小组活动时，孩子们的真情表露总是让大家凄然泪落。我们把孩子的作品收集起来，汇集成故事展板。起初，该展板在我们教室里展示。然后，我们把它移到幼儿园大厅，让更多的人看到。最后，这些展板又被当地图书馆展示了好几个月，向更多人讲述孩子们心里的故事。

2001年秋季，我们启动了"开门教学（open-door classroom）"项目。对此，我也一直心怀感激。很幸运，我有三位同事和我一起规划、一起感受忧伤、一路互携互助。尽管还有许多需要学习的地方，但我十分开心自己曾是这样一个教师团队的一员。我们努力建立与孩子的坚实关系。非常高兴的是，我们用真诚之心去迎接痛苦。我很感激孩子能有一个安全途径来释放他们的情感。

正因为开端计划里有如此无畏的管理团队，正因为他们鼓励创新、重视教师、尊重孩子，我们才能有所作为。管理团队给予我们尝试的自由，也提供了有意义的支持。但是，这些新想法是否能达到开端计划的各项要求呢？下面是秘密所在：当教师被尊重、信任，有成长的自由，能去从事能激励自己的项目，感到工作有乐趣时，达到标准便不再是一种负担。管理者如果能用具体行为对教师表示信任和鼓励，如允许教师根据需要对课程计划进行调整，那么教师就会报之以用心努力工作。教师和管理者如果能心往一处想，劲往一处使，聆听孩子的心声，热心关爱孩子，珍视孩子的童年生活，那么神奇的事一定会发生。

316

思考与分析

可以给以斯拉发邮件（EStokerGrahamReflect@gmail.com），对他如何学会尊重幼儿兴趣、调整课程活动主题及克服遇到的困难等问题，谈谈自己的看法。建议结合下述内容谈谈自己的看法。

● 在以斯拉的工作历程中，哪些激发了他的工作热情？他如何克服实施以儿童为中心课程过程中遇到的各种困难？

● 与同事合作为以斯拉的工作提供了什么支持？

● 对于教师在工作中自由思考、计划和决策的重要性，以斯拉有什么独到的见解？

实践运用

自我认识的反思与记录

在空白处记录下自己成为以儿童为中心的课程实践者的历程。

1. 你想尝试什么样的新角色？

_____

_____

_____

_____

_____

2. 有没有什么情形是你想要努力增加或转变的?

_____

_____

_____

_____

_____

3. 怎样才能进一步陶冶和提升自己的审美观、好奇心及愉悦感?

_____

_____

_____

_____

_____

_____

后记
持之以恒的努力

当今世界，幼儿教育工作者面临诸多挑战，但也令人满心欢喜。毫无疑问，你可能已经找到发人深省的研究资源，为自己的教育理念和幼儿发展目标提供支撑。而踏上教学工作岗位后，你会发现，教学工作与你的预期不同。对于自己的工作时间安排，或许上级会有很多期望和要求，使得你没有多少空间去感受与幼儿相处的自主与快乐。许多教师也反映，他们不得不花很多时间在幼儿行为管理上，而很少有时间进行课程开发。还有一些教师说，他们为幼儿活动计划付出很多努力，但没有激发起幼儿的兴趣，吸引幼儿注意力的时间也不长。

21 世纪初，我们从幼儿教师那里听到的故事，基本都涉及上述挑战。但我们同时也注意到，专业话语也在发生微妙的变化，越来越多地听到"早期教育"（early education），而不是"早期儿童教育"（early childhood education），幼儿似乎已经淡出教育的视野。

始终以儿童为中心

"关注儿童的生活"是本书的书名，更是第 2 版内容涉及的教育案例中的教师工作指南。教育承载着各种各样的压力，但在思考问题时，如果始终围绕着"关注儿童的生活"这一中心，那么你会成为一名活跃、学习型的教师。教师不要将对幼儿的关注变成对他们的不信任，而是将其当作致力于细心观察幼儿兴趣和探究的基础，这也是消除教师工作职业倦怠的"灵丹妙药"。如果在课程中能反映幼儿的生活，你会发现，幼儿的学习会变得更有意义，而不仅仅达成相关的教育标准。

本书各章都提供了很多指导策略和活动，可供教师评估自己当前的想法和做法，此外还列有许多可供借鉴的案例。除本书内容之外，我们还制作了"儿童站在中心"的微视频（参见 www. ecetrainers. com）。在那里，你可以看到五位教师将本书理念运用于工作的具体案例，还能看到他们为了保持"以儿童为中心"所做的改变。从这些教师和其他同事的工作中，你或许会找到那些使自己保持以儿童为中心的灵感及独特理念。请与这些教师多多交流。每章的结尾都提供了与我们分享故事的教师的电子邮箱，不妨给他们写邮件，交流你的感受和看法，希望借此能不断改进你的教育活动。

不断充实与挑战自我

最后一章提出了让教师成长为"以儿童为中心"的教师的不同方法。这不仅是充实自己，也是通过不断反思，深化对幼儿及教学的理解。当你自掏腰包参加各种学术会议前，认真梳理一下自己的目标。

321

- 会议议题与你的专业发展目标有什么关系？
- 我想要学习什么基础知识？提高什么技能？陶冶哪种情操？
- 在会议中，哪些特定的议题应该是自己优先考虑的？
- 我应该如何做好准备，如提前阅读、网络搜索或撰写反思随笔？
- 在会议上，我有什么要分享的？如何将所学运用到工作中？

参加学术会议的经费毕竟有限。作为一种退而求其次的方法，教师可考虑在本地找一位专家或顾问，可以在本地的示范幼儿园寻找，也可以和相互认识的人组成互助小组，建议每个月开一次小组会议，共同探讨在幼儿教育工作中的经验和感受，我们可将其称为"专业学习共同体"（PLC）或"实践共同体"。

教师在工作过程中如果感到孤立无援，其学习也常会受到限制。参观不同的幼儿园往往会给人耳目一新的感觉。要将参观幼儿园变成持之有效的教师专业发展的方式，就需要教师结合前述各种方法进行自我评价并设定发展目标。与参加学术会议一样，参观幼儿园同样需要有明确的重点和目标，否则可能会陷入一种如同逛商场的思维模式中，"边逛边想要买什么"。虽然发现新的可用资料的方法很有益，但这并不能成为教师专业持续发展的重点。通常情况下，教师可以单独或集体参观一所自己想要学习的幼儿园，参加专题讲座，聆听参观者的反馈与讨论。在互联网上，教师很容易找到这样的学习活动。除了我们提供的网站（www. ecetrainers. com）以外，还有其他的一些网站也提供了很多信息供教师参考，如芝加哥康蒙思儿童发展中心（www. chicagocommons. org）、儿童护理交流中心（www. childcareexchange. com）、伦敦桥儿童服务中心（www. londonbridge. com）、北美瑞吉欧·伊米利亚联盟（www. reggioalliance. org）等。

让我们的工作无愧于儿童

汤姆·亨特辞世之前创作的一首歌《无愧于我们的孩子》（*Worthy of Our Children*，1990），唱出了期待人们共同行动起来保护幼儿的心声。这一心声平静而执着，其歌曲可以重新填词。

> 但愿我们从事的工作
> 无愧于所生活的世界
> 更无愧于我们的孩子

> 但愿＿＿＿＿＿＿＿
> 无愧于所生活的世界
> 更无愧于我们的孩子

这首歌很简单，但用于幼儿教育工作者的自我反思却十分适用。我们有各种评价工具，而这首歌却格外引人注目。查阅词典，你会发现"无愧于"有很多同义词，如完全值得的、值得称道的、可钦佩的、值得称赞的、令人钦佩的、有价值的、宝贵的、可信的。

这些词为我们评估自己在幼儿教育工作中的状况增加了新的维度。再回头看看这些词语，回顾一下自己熟悉的幼儿园或教室，抑或其他幼儿教育机构，用上述词语来衡量一下。是否是实至名归、值得赞美的、值得称许的、值得称赞的、值得赞扬的、珍贵的、可信的？我们熟悉的那个地方是否配得上用上述词语来描述？

再次注意汤姆创作的歌《无愧于我们的孩子》中歌词的顺序。

323

> 但愿我们从事的工作
> 无愧于所生活的世界
> 更无愧于我们的孩子

他的呼喊是让我们通过自己的工作，使世界变得更美好，而不是在评价量表上"赚取几颗星"，或成为测试成绩的数据之一。

很多时候，我们的工作都显得平淡无奇。我们也总能找到借口，抱怨或觉得有很多障碍让我们认为不可能做得更多。但是，我们看到那些不满足且超越了标准的教师不仅有强烈的目标意识、清晰的教育理念，还有自己的价值观。他们靠这些引领自己，而不是各种条条框框。你会听到他们常说"我们怎样才能解决问题呢？"，而不是听到他们抱怨道"他们不让我们……""我们不能……"。他们的口头禅是"我们能做些什么呢？接下来，我们可以采取什么步骤呢？"。

为了引导自己的思考，教师可以将汤姆的歌作为一种激励，用填入的新歌词表达自己的想法，使自己的工作无愧于幼儿。

坚持到底

324

汤姆·亨特在世的时候，他的歌曲、创作和生活为教师们提供了很多营养和灵感。在他生命最后的日子里，他最清晰的一句话是"坚持到底"。作为教育工作者和幼儿守护者，我们即便面对挑战、感到困倦或沮丧不已，依然要相信，各种教育政策和实际工作都是反映幼儿的生活的，我们致力于使自己的工作和生活无愧于幼儿。

> 但愿我们创造的空间
> 无愧于所生活的世界
> 更无愧于我们的孩子

但愿我们所说的话语
无愧于所生活的世界
更无愧于我们的孩子

但愿我们制订的计划
无愧于所生活的世界
更无愧于我们的孩子

但愿我们度过的岁月
无愧于所生活的世界
更无愧于我们的孩子

参 考 文 献

Carter, Margie, and Deb Curtis. 1996. *Spreading the News: Sharing the Stories of Early Childhood Education*. Saint Paul, MN: Redleaf Press.

Cronin, Sharon, and Carmen Sosa Massó. 2003. *Soy Bilingüe: Language, Culture, and Young Latino Children*. Seattle: Center for Linguistic and Cultural Democracy. www. culturaldemocracy. org.

Curtis, Deb, and Margie Carter. 2000. *The Art of Awareness: How Observation Can Transform Your Teaching*. Saint Paul, MN: Redleaf Press.

Curtis, Deb, and Margie Carter. 2003. *Designs for Living and Learning: Transforming Early Childhood Environments*. Saint Paul, MN: Redleaf Press.

Curtis, Deb, and Margie Carter. 2008. *Learning Together with Young Children: A Curriculum Framework for Reflective Teachers*. Saint Paul, MN: Redleaf Press.

Graves, Judy, and Susan MacKay. 2009. "One School's Response to State Standards. " *Innovations in Early Education* 16 (1): 10.

Hunter, Tom. 1990. "Worthy of Our Children. " On *Bits & Pieces*, The Song Growing Company, compact disc. www. tomhunter. com.

Hunter, Tom. 2008. "As Human as They Can Be. " On *As Human as They Can Be*, The Song Growing Company, DVD. www. tomhunter. com.

Katz, Lilian. 1986. "Current Perspectives on Child Development. " *Council for Research in Music Education* 86: 1–9.

Katz, Lilian. 2008a. "Another Look at What Young Children Should Be

Learning. " *Exchange* 180（March-April）: 53-56.

Katz, Lilian. 2008b. "Academic versus Intellectual Learning. " *Exchange EveryDay* March 24.

Lally, J. Ronald. 1995. "The Impact of Child Care Policies and Practices on Infant/Toddler Identity Formation. " *Young Children* 51（1）: 58-67.

Lieberman, Evelyn Jackson. 1985. "Name Writing and the Preschool Child. " PhD diss. , University of Arizona.

National Geographic Society. 1983. *Peoples and Places of the Past: The National Geographic Illustrated Cultural Atlas of the Ancient World.* Washington, DC: National Geographic Society.

Schirrmacher, Robert, and Jill Englebright Fox. 2008. *Art and Creative Development for Young Children.* 6th ed. Albany, NY: Delmar.

Trook, E. 1983. "Understanding Teachers' Use of Power: A Role-Playing Activity. " In *On the Growing Edge: Notes by College Teachers Making Changes*, edited by Elizabeth Jones, 15-22. Pasadena, CA: Pacific Oakes College.

出　版　人　　所广一
责任编辑　　赵建明
版式设计　　沈晓萌
责任校对　　贾静芳
责任印制　　叶小峰

图书在版编目（CIP）数据

关注儿童的生活：以儿童为中心的反思性课程设计：
第 2 版/（美）柯蒂斯，（美）卡特著；郑福明，张博译
.—北京：教育科学出版社，2015.4（2023.11 重印）
（幼儿教师教学实践指导丛书）
书名原文：Reflecting children's lives: a handbook
for planning your child-centered curriculum, second edition
ISBN 978-7-5041-9392-6

Ⅰ．①关… Ⅱ．①柯… ②卡… ③郑… ④张… Ⅲ．
①学前教育—课程设计 Ⅳ．①G612

中国版本图书馆 CIP 数据核字（2015）第 035445 号

北京市版权局著作权合同登记 图字：01-2013-4488 号

幼儿教师教学实践指导丛书
关注儿童的生活：以儿童为中心的反思性课程设计（第 2 版）
GUANZHU ERTONG DE SHENGHUO: YI ERTONG WEI ZHONGXIN DE FANSIXING KECHENG SHEJI

出版发行　**教育科学出版社**

社　　址	北京·朝阳区安慧北里安园甲 9 号	市场部电话	010-64989572
邮　　编	100101	编辑部电话	010-64989365
传　　真	010-64989419	网　　址	http://www.esph.com.cn
经　　销	各地新华书店		
制　　作	北京金奥都图文制作中心		
印　　刷	保定市中画美凯印刷有限公司		
开　　本	720 毫米×1020 毫米　1/16	版　　次	2015 年 4 月第 1 版
印　　张	18.25	印　　次	2023 年 11 月第 11 次印刷
字　　数	234 千	定　　价	48.00 元